ソ連秘密警察
リュシコフ大将の
日本亡命

上杉一紀

Lyushkov

彩図社

はじめに

二〇二二年二月二四日、ロシア軍がウクライナの首都キーウの無力化に向け侵攻を開始したとき、数日であっけなく片が付くと見た戦争ウォッチャーが世界では圧倒的多数だったのではないか。実際、七二時間持つかどうか、といった悲観的な観測もあった。ロシアは自他共に認める軍事大国で、戦術核を含む高度な各種攻撃型兵器に事欠かない。ウクライナは農業では大国だが、かつて保持していた核兵器を放棄する見返りに、ロシア、アメリカ、イギリス三国から取り付けた安全保障（ブダペスト覚書）を信頼して、自衛に徹した最小限の兵力、戦力しか持たなかった。総合的な軍事力の違いは歴然だ。だから、首都防衛戦でウクライナ軍が頑強に抵抗し、敵の足並みの乱れを突いて反撃に出ると、自由世界の報道機関はある種の驚きをもってこれを伝え、同時に両軍の士気には大きな違いがあると解説を加えた。

潮目を変えたのは、一本のＳＮＳ動画だったといわれる。一時は職務の投げ出しさえ噂された大統領ゼレンスキーが、主要閣僚ら数人と共に準戦闘員を思わせる服装で夜闇に沈むキーウ市街地に立ち、徹底抗戦を呼びかけたのだ。映像はゼレンスキー自身がスマートフォンを右手に持っての「自撮り」だった。一般市民の投稿と変わりないこの動画の手作り感が、不安と悲観に苛まれるウクライナ国民の心をかえって鼓舞した。自国領土の防衛に最後まで責任を負うと誓う首脳らの不退転のメッセージは、百万語を費やすより確実に同胞に伝わった。

ロシアもその点、負けていたわけではない。「ウクライナ軍は生物兵器を準備している」、「ロシア軍の虐殺行為を指摘する報道は、典型的なフェイク・ニュースだ」と、各国に展開する大使館、領事館のネットワークまで利用し、世界に向けて情報の拡散を図った結果、それを事実と受け止めるネットユーザーは短期的にはかなりの数に上ったらしい。

人類の戦争が肉弾のぶつけ合いだった遠い昔から、戦場の外では常に情報戦（諜報戦、防諜戦、プロパガンダ戦）が繰り広げられてきた。味方が何をしているか徹底して秘匿し、敵がどう動くか微細に探りながら、あらゆるツールを利用して自己正当化を図る情報戦は、時代と共にますます激しさを増している。情報戦を有利に展開できるかどうかは、戦争当事国にはもちろんのこと、平和国家の平時の外交にとってさえ死活的問題なのだ。

日中戦争が二年目に突入していた一九三八年、ソ連と満洲国の国境を越えて日本に単身亡命を求めてきたソ連の高官がいた。この事実は半月ほど伏せられたあと新聞発表された。命がけの越境から一ヶ月後、彼は東京都心のホテルに設定された記者会見場に端正なスーツ姿で現れ、嘘偽りなく本名を名乗ったうえ、終始落ち着いた態度で、詰めかけた内外のジャーナリストの問いに答えた。質問は延々と続きそうだったが、時間が来るとおもむろに席を立ち、待機させていた車に乗り込んで瞬く間に走り去った。亡命者となった彼が、公の場に姿を見せたのはこれが最初で最後だ。記者たちは彼がどこでどうしているのか、しばらくは関心を持ち続けたが、誰も核心に迫れた者はなく、やがて詮索を諦めた。

三等大将ゲンリフ・サモイロヴィチ・リュシコフ。「黒海の真珠」と呼ばれるウクライナの港湾都市オデーサ生まれで亡命時は三八歳。大将といっても軍籍があったわけではない。軍を含む国内のあらゆる組織、職域に冷たい監視の目を光らせる政治警察、秘密警察を管轄し、海外謀略、国境警備、収容所運営まで統括する内務人民委員部（ＮＫＶＤ）のエリートだ。同時にソ連最高会議代議員でもあった。そんな立場にある身でなぜ、ソ連にとっては仮想敵国である日本の勢力圏に逃亡を思い立ったか。ソ連政府はなぜ、「リュシコフなる人物は実在しない」と、最後までシラを切ったか。北方の脅威になっている隣国から、情報戦のエキスパートを労せずして獲得した日本は、彼の知見を対ソ軍事戦略にどう生かそうとし、それによってどんな結果がもたらされたか。そして何よりも、彼はどんな人間だったのか。

世界戦争のとば口で一瞬の光芒を放ったあと、歴史の闇に消えたリュシコフについては、研究者やジャーナリストが断片的に論じてきた。ただ、ソ連崩壊後に初めて公開された資料を土台に、新しく紡がれたトータルな評伝は、管見するところ、日・ロを通じて一冊もない。拙い足掻きかもしれないが、本書がリュシコフという人物を立体的に捉まえるうえで、読者の一助になれば幸いだ。

執筆にあたっては多くの方々の研究成果、取材成果を利用させていただいた。とりわけ、日本亡命後のリュシコフと身近に接し、良き理解者でもあった故勝野《かつの》金政《きんまさ》氏のご息女、稲田明子氏には、貴重な収集文献、調査資料を提供いただいたばかりか、丁寧な助言まで幾重にも頂戴した。また、本書の上梓にあたっては、彩図社編集部の権田一馬氏にひとかたならずお世話になった。ここに記して深謝申し上げたい。

なお、リュシコフの亡命時の階級は、三級保安委員とするのが厳密だが、便宜上、日本の旧陸軍省発表に従って三等大将とした。また、ソ連のいわゆる秘密警察は、ロシア十月革命以降、「反革命サボタージュ取締全ロシア非常委員会（チェーカー）」を原点として、GPU➡OGPU➡GUGB➡NKGB➡KGBと目まぐるしく組織変更がなされ、上部機関である内務人民委員部（ＮＫＶＤ）との関係さえ必ずしも一様でない。そこで煩雑さを避けるため、これも便宜上、それら組織全体を「ＮＫＶＤ」あるいは「チェーカー」、そこでの勤務者を「チェキスト」と呼ぶのを基本とし、依拠した文献や証言のなかに別呼称で出てくる場合にはそれを尊重した。ただし、当該組織の存続期間と照合して、明らかな誤りがあれば訂正した。文中の引用箇所で、一部の古い表現は分かりやすいように筆者の責任で現代風にあらためた。筆者註は〔〕内で示し、敬称は省略した。

ソ連秘密警察リュシコフ大将の日本亡命　目次

第三章　粛清から大粛清へ

「ヨーロッパでヒトラーがその地図を書き換える作業を続けているころ、極東の地図の書き換えを目論んだのはヨシフ・スターリンであった。

スターリンのために新しい地図を作ったのは蒋介石であった。その結果、東アジアは外蒙古から奉天までまたたく間に赤化した。これが日本に強い警戒感を生んだ。赤化工作は軍事衝突を通じて行われた。衝突の種はソビエトの工作員が播いた。彼らは北部支那に赤化の野火を放った。それが宣戦布告なき日本と中国の戦いを生んだ」

(『裏口からの参戦【下】 ルーズベルト外交の正体 1933-1941』チャールズ・カラン・タンシル 渡辺惣樹訳)

第一章

亡命事件の顛末

一、寵臣（プロローグにかえて）

シベリアと聞くと厳寒のイメージが先立つが、ロシア極東の中心都市ハバロフスクは、寒暖差の大きい典型的な大陸性気候で、短い夏の盛りには気温が三〇度を超える日も珍しくない。内務人民委員部（ＮＫＶＤ＝ＫＧＢの前身）三等大将のゲンリフ・サモイロヴィチ・リュシコフが、ＮＫＶＤ極東地方長官として赴任するため、モスクワからの長旅を終えて、本部のあるハバロフスクの駅に降り立ったのは一九三七年の七月だった。

リュシコフの極東行きは現地の誰にも事前に知らされていない奇妙な赴任だった。当然、駅頭に出迎える者もない。その代わり、ＮＫＶＤの将校二名、兵卒五名がモスクワから同行しており、一行は構内から出ることなく駅長室に陣取った。駅長は突然の闖入者に驚いたに違いないが、当時のソ連国民として生き延びる術は心得ており、ＮＫＶＤ高官の制服を一目見ただけで、迷わず逆らうまいと誓ったはずだ。ＮＫＶＤは、無辜《むこ》の市民を逮捕し、処刑、または収容所送りにする国家の暴力装置として恐怖の的だった。

リュシコフは駅長室から何も知らない前任者のバリツキー大将に電話し、「日本への赴任途上だが、君に会いたいので下車した。駅まで迎えに来てほしい」と伝えた。リュシコフとバリツキーは旧知の仲だ。バリツキーは、リュシコフの任務を大っぴらにすべきでないと考えたのだろう。単独で自ら車を運転して駆け付けた。

ロシア極東の中心都市・ハバロフスク

駅長室のドアを開け飛び込むと、リュシコフの手兵がピストルの銃口を自分に向けているではないか。バリツキーは握手の右手を差し出しかけたが、新たに左手も出して、抵抗の意志がないことを示すしかなかった。リュシコフの口からは久闊《きゅうかつ》を叙《じょ》す友情の言葉の代わりに、逮捕宣告が事務的に発せられた。バリツキーは手錠をかけられ、そのまま手兵によってモスクワまで押送されることになる。

　バリツキーが乗ってきた車のハンドルを今度はリュシコフ自身が握り、ＮＫＶＤ極東地方本部に乗り付ける。地方全域で四万人の職員を統括する中枢だ。リュシコフは内務人民委員（＝内相、ＮＫＶＤ議長）

エジョフの署名入り信任状を示しながら、ただちに在庁の幹部を一堂に集めると、自分が新たに同地方長官に就任したと宣言した。同時に下僚に命じ、幹部全員を逮捕させた。ここまで、ハバロフスク駅到着からわずか三五分のスピード劇だったという。

以上のエピソードは、のちにリュシコフと親しく接することになる帝国陸軍参謀本部嘱託の高谷覚蔵《たかやかくぞう》が、本人から直接聞かされたものだ。よほど印象深かったと見えて、高谷は戦後に著した複数の論稿で同じ逸話を繰り返し紹介している。

極東の全NKVDを指揮する立場に昇進するにあたり、リュシコフはクレムリンに出頭を命じられ、スターリンに少なくとも二回謁見を許されている。そのうちの一度は、首相モロトフ、内相エジョフ、国防相ヴォロシーロフが同席した。その際、「同志リュシコフ、君は若いのによくやってくれる。そこで［新任務を］君にぜひやってもらわなければならない」とスターリンから肩を叩かれた。高谷によれば、極東行きの件で顔を合わせる機会は都合三度あり、二人きりの面談は最後だったという。リュシコフはそれまで様々な機会にスターリンと同席してきたが、単独で呼ばれるのは初めてだった。のちにリュシコフの供述調書を読み、東京の取り調べ関係者にも取材した同盟通信（共同、時事の前身）記者の古津四郎によると、クレムリンでの出来事をリュシコフは次のように具体的に述べていた。

「……［クレムリンの］控室で待機を命じられ、かれこれ二時間も放置された。なにかテストされているようにも感じた。やがて迷路のような廊下を案内され、スターリンの執務室に入った。側近も護衛官も立ち去り、直属上司のエジョフさえ遠ざけられている。広い部屋にスターリンと自分だけだ。単独謁見に身震いした。スターリンは『シベリア［赴任］は気の毒だが、二年間の辛抱だよ。君の若さと活力に信頼してのことだ。前任者も君が行ったら喜ぶだろう』という。前任者のバリツキーは友人であり、先輩でもあったので、思わず『バリツキーはどうなりますか』と尋ねた。後で考えれば、誘導尋問だったかもしれない。スターリンはその問いを待っていたかのように、くるりと身をかわし、椅子を立って窓を見つめながら『同志リュシコフ、そのバリツキーに悩まされているんだよ。あいつは困り者なんだ』と答えた……」（『秘録・リュシコフ大将の亡命　上』）。

リュシコフ

絶対的な主人が使用人に汚れ仕事を押し付けるとき、露骨な表現を使わないで、自分の胸中を推し量らせようとするやり方は、洋の東西を問わない。もちろん、リュシコフは主人が何を言わんとしているのか、即座に理解した。一説には、リュシコフがモスクワを発つ前日にも、スターリンは念押しの書簡を届けている。極東の軍事史に詳しいアメリカの研究者A・D・クックスは、「『クレムリンでの』一対一の面接で、スターリンはリュシコフに在極東の特定の党、政府、軍当局者を粛清するよう秘密訓令を与えた」と踏み込んで捉えている（『リュシコフ保安委員の亡命』）。スターリンと直接会話する機会があったからといって、リュシコフの身の安全が保証されたわけではないが、少なくともこの時点では、誰の目にもリュシコフは、独裁者の寵臣だった。その寵臣がどうして一年も経たないうちに主人の下から逃げ出し、日本亡命という形で祖国に弓をひくことになったのか。その核心に触れる前にリュシコフの亡命時の状況を詳しくたどりたい。

二、雨中の越境者

中国・琿春《こんしゅん》市人民政府の公式サイトに、市の地理上の位置を判り易く示した航空写真が載っている。大陸側上空から東の日本海方面を望み、豆満江《とまんこう》デルタ地帯全体を写したものだ。向かって左からロシア沿海地方のハサンが、右から北朝鮮領の羅先《ラソン》がせり出し、琿春の森の広がりを海岸線の手前で塞いでいる。中国、ロシア、北朝鮮三国の領土が入り組む文字通りの辺境地域だ。そのため、中国政府は開放路線に転換後も一九九一年まで外国人の立ち入りを認めなかった。

満洲国時代、琿春には市制が敷かれておらず、間島省《かんとうしょう》琿春県とされていた。いまの琿春市が、吉林省・延辺朝鮮族自治州《えんぺんちょうせんぞくじちしゅう》にあることからもわかるように、旧間島省周辺には、古くから朝鮮半島にルーツを持つ農民が土地を求めて数多く越境し、故郷での生活様式そのままに定住していた。日韓併合後、朝鮮総督府は抗日匪賊《ひぞく》の出没に悩まされるが、間島の朝鮮人コミュニティは匪賊にとって格好の潜伏地となっていた。一方、間島と接する満ソ国境周辺も不穏で、軍同士の牽制や睨み合いが頻発していた。ソ連工作員は摘発を重ねても懲りずに侵入を繰り返す。琿春地区を担当する満洲国の国境警備当局は常に緊張のなかにあった。

琿春の位置

三八年六月一三日の明け方、満洲国・長嶺子《ちょうれいし》国境警察隊（琿春）の黄斗信、金永俊の両警士は、通常のパトロールを終え、雨上がりの霧の中を帰投中だった。二人が、背広のうえにコートを着込み、ハンチングを被った濡れ鼠の紳士を発見したのは午前五時半頃。黒の長靴はおそらく軍人、しかも高位な将校らしく見えた（丸山静雄『還らぬ密偵・対ソ蒙満謀略秘史』）。発見時の服装については、「サングラスをかけていた」、「平服の下に完全な軍服を着用していた」など諸説ある。正確な場所は琿春県長嶺子高地付近の灌木地帯だ。身を隠しやすいので狙いをつけたと、のちにリュシコフは供述している。両警士が拳銃を構えながら二度誰何《すいか》したところ、「彼はロシア語で何かさっぱりわからないことをしゃべり出した。そして意外にも懐中より二挺のピストルを投げ出して両手を高く上げ、降伏の意を表したので、直ちに彼を本部へ連行、身柄を拘留しました」（東京朝日新聞　三八年七月二日付）。

この越境劇をリュシコフの側から見よう。

「ソ政府機関の指導的地位にあった私が、どうしてソ聯邦を脱出するといふ様な思ひ切ったことをするに至ったか、それは色々な徴候によって、私自身が粛清の危険に曝されて居ると いふ事を直感するに至ったからである。私は近い内に、モスクワ勤務として召還せられるといふ通知を受け取ったが、その後間も無く、極東地方党委員会書記スタッエウイチも亦《また》モスクワ召還の電報を受け取った。これまでも既に極東地方ソヴィエト執行委員会議長レグコヌラウォフが、モスクワに召還後捕縛せられて居り、大体指導的地位に在るもののモスクワ召還は、何時も逮捕処刑に終るのが今のソ聯邦の慣例になって居る」。

これは、日本の陸軍省がリュシコフの亡命を正式発表した際、同時に明らかにした長文の「リュシコフ大将手記」（以下「手記」と略記）冒頭部分だ。亡命に踏み切った理由が端的に述べられている。

亡命計画の実行は、辺境視察の計画を立案するよう、部下に自ら提起したことに始まる。国境警備はＮＫＶＤの重要な任務のひとつだ。その極東地方責任者の号令とあっては、誰一人逆らえない。「手記」によると、当初はウラジオストク北方のグロデコヴォ方面から満洲側に入ろうと考えたが、密林が広大で危険度が高い。熟慮の末、決行の場所をポシェト湾地区に変えたという。ソ連極東の国際関係史に詳しいボリス・スラヴィンスキーがさらに説明する。「ソ連の国境守備を管理していたリュシコフは、沿海地方のポシェト地域のハサン湖一帯に、日ソの暗黙の了解によって事実上、無防備の国境非武装地域があることをよく知っていた。その一帯は低地で、沼沢《しょうたく》が多かった。そして道路の数は非常に限ら

長嶺子の位置

れていた」（ボリス・スラヴィンスキー『日ソ戦争への道』）。だから越境場所に定めた。

次に、ハバロフスクで一緒に暮らしていた二七歳の妻イーナと一一歳の娘リュドミラを、娘の病気治療名目でモスクワに送り出した。もっともらしい診断書も持たせた。リュシコフの越境より一〇日ほど前だ。最終的にはポーランドとの国境を列車で通過させようとしていた。

夫が満洲側の長嶺子方面に相対する哨所《しょうしょ》に着くと、妻からの電報が待っていた。電文には「心よりキスを送ります」の言葉があった。ロシア語圏では夫婦、親子に限らず親愛の情を示す常套句として、手紙によく使われる。その決まり文句が、リュシコフ夫妻の間では、「首尾よくいっている」、つまり決行を促す暗号だった。「六月一二日、リュシコフは、随行の面々に今度は満ソ国境線ギリギリの視察になることをハッキリ言い渡した」（クックス前掲書）。周辺は、満ソ間で軍同士の悶着が繰り返されてきた曰く付きの場所だ。リュシコフから、散開せよと命じられた兵たちは、身を守ることで頭がいっぱいだったろう。制服の上に平服をまとった長官の妙な姿も、彼らの注意を惹かなかった。寄り添っていた兵士たちがバラバラに散って行き一人になった。体調不良を理由に部下数人と哨所に仮泊し、夜間、抜け出したという説もある。リュシコフのポケットの一方にはリボルバー拳銃、一方には妻の電報が入っていた。雨が降り出したのは天の助けで、単独行を始めた男の姿を目立たなくしたが、その分、方向が掴み難くなった。満洲側と思われる溝の中に潜んで夜の雨に耐えた。東の空が明るくなると、霧で視界は悪かったが、自分の勘を頼りに再び歩き出し、まもなく満洲国・長嶺子国境警察隊員に遭遇した……。

リュシコフの随行者たちが、長官の姿が見えないのに気づき、慌てだすのは早かった。まさか逃亡とは思いもしない。満洲側が何か仕掛けてきたか。「ソ領では十数名の兵が散開、その後方では五、六十名のソ連兵が待機の姿勢をとり、なおその後部には軍用トラックに満載した兵が、極度に狼狽して右往左往、ものものしい光景を呈した」（丸山前掲書）。満洲国の二人の警士は、一触即発の危険のなかで不審なソ連人を連行していたわけだ。

リュシコフの視察にはポシェト湾地区を担当する第五九国境警備隊の兵士が随行していた。長官が行方不明になったことで、「この国境警備隊の隊長は罷免された」（林三郎『関東軍と極東ソ連軍』）。罷免だけで終わるならどんなに幸運だろう。たまたま極東には、スターリンの密命を帯びた大物「三人組」が一時的に送り込まれていた。そのうちの一人でNKVDナンバー2のフリノフスキーは、「第五九ポシェト国境警備隊の指揮官を粛清した」とモスクワに報告を上げている。つまり裁判抜きの銃殺だ。「三人組」についてはのちにまた触れたい。

国境警察隊本部の取調室でリュシコフと向き合ったのは同隊主任の神本利男警備官だった。

神本は拓殖大予科時代、大川周明（超国家主義の思想家）からイスラム文化を学んだ変わり種で、のちに陸軍中野学校を経てバンコクに赴き工作員となる。そこでは、テレビ創成期の少年向け活劇「怪傑ハリマオ」のモデルになったマレー半島の義賊・谷豊《たにゆたか》を、日本軍特務に徴募したといわれる。

神本による聴取は通訳を介して行われ、そこには関東軍将校も立ち会った。満洲国の国防は、日満議定書の定めによって実質的に日本の関東軍が担っており、神本らの詰める本部にも関東軍の連絡将校が常駐していた。ただし、防衛上の管轄権は関東軍にはない。豆満江ひとつ挟んで朝鮮総督府管内の北部をカバーする日本の朝鮮軍第一九師団が、満洲国領土に食い込む形で琿春県を守っていた。

リュシコフは疲れ果てている様子だったが、神本の前で姿勢を正して座り直し、政治亡命の意思をはっきり伝えた。

国境警察隊が記録に残していた所持品は次の通りだ。「拳銃二挺（モーゼル及び小型のもの）、ロンジンの時計一個、ロシア煙草若干、サングラス一個、現金四一五三〇円（真正の日銀、満洲国中央銀行、朝鮮銀行発行の五円及び一〇円札で）、一六〇ルーブル、レーニン勲章ほか最高勲章二個、イーナ・リュシコワ（リュシコフの妻）の写真一葉、電報一通、多

リュシコフが携帯していた身分証（朝日新聞より）

数のロシア語文書」（ノックス前掲書）。

ロシア語文書はタイプライターの手提げケースに詰め込まれていた。共産党員章を含め身分を明らかにするための書類のなかには、内相（NKVD議長）エジョフの署名入り証明書もあり、その有効期間は同年二月一日から一二月三一日までとなっていた。関東軍の連絡将校は身分証明書類を検《あらた》めただけで、只者ではない、と直感したようだ。

「『スパイでない、ソ連の住民だ』という証明には十枚くらいのカードが必要である。住民票、家族居住票、物品配給票、労働従事票、賃金受領票、技能票、警察関係、衛生関係、とくに国境地帯では軍のきびしい証明書がいる」（古津前掲書）。満洲国が敵情を探るため白系ロシア人（革命政権を嫌って国外に逃げた人々）の工作員をソ連に送り込もうとしても、身分証明書類の不備で見破られてしまう。それほどソ連国民であることの証明は厄介だった。リュシコフの場合、それが完璧だったということか。神本の印象は連絡将校とは全く逆で、そんな大物めかした身分証明書類を一揃え持っている以上、スパイとしても大物に違いない、というものだった。

三、身柄争奪戦

長嶺子国境警察隊本部での服装検査で、関東軍の連絡将校はリュシコフの上着の裏に、レーニン勲章略綬《りゃくじゅ》が縫い付けてあるのに目をとめた。略綬というのは、勲章そのものではなく、受勲者であることを証明するリボンのことだ。「〝これはでっかい獲物だ〟と叫ぶところをじっとこらえ、努めて平静を装った……」（古津前掲書）。所持品リストにある「勲章」というのは略綬のことだったのかもしれない。こうなると現場パトロールを主な任務とする国境警察隊の手には負えそうもない。すぐに上級組織の琿春特務機関（朝鮮軍北方特務機関本部）との一体対応になった。

リュシコフから簡単な供述を引き出すと、取調官の神本は濡れた衣服を着替えさせヒゲを剃らせて、コーヒー付きの朝食を与えてから、ゆっくり休息を取らせることにした。興奮と疲労はピークに達していた。ロシア語を解する同特務機関長の田中鉄次郎少佐は、事の重大さを直ちに理解し、朝鮮軍司令部（京城＝現ソウル）に電話で急報、これを受けた朝鮮軍の情報参謀・土屋栄中佐が、やはり電話で東京の陸軍参謀本部第二部（情報）第五課（ロシア担当）の甲谷悦雄少佐にリレーした。参謀本部でこの重大情報のキャッチャーとなった甲谷は、前年までモスクワに日本大使館付陸軍武官補佐官として赴任しており、「リュシコフ」の名に聞き覚えがあった。

関東軍司令部（新京＝現長春）にも国境警察隊詰めの連絡将校から一報が飛んだ。琿春特務機関長の田中が、満洲国保安局（警察を装った関東軍系の秘密情報機関）の参与を兼ねていたとすれば、なおのこと新京を無視するはずがない。

報告を受けた朝鮮軍、参謀本部、関東軍は色めき立った。色めき立つといっても、霧の中から現れたロシア人らしき不審人物を、自称通りの大官だと、それぞれが一様に受けとめたわけではない。温度差があった。

事件当日の夜、京城の朝鮮軍司令部から東京中央に宛てて事態の概要を伝える電報が発信されている。帝国陸軍では参謀本部が軍令・作戦を、陸軍省が行政を司る。陸軍省の耳に入れた段階で、事件はある意味で政治問題化した。

秘　電報　朝鮮軍参謀長　⬇　陸軍省次官、［参謀本部］次長
六月一三日午後九時二〇分着
一、琿春機関長よりの報告によれば、本一三日午前五時ごろ長嶺子国境警察隊は同地付近より越境せる極東内務人民委員部国家保安部隊長リユシコフ・ゲオルギ・サイモロウイチと自称する者を逮捕せしを以て、満洲国地方保安局長と連絡し特務機関において、取扱をなすべく（三語不明）い《マ》しだけ《マ》隊の調査を終了せしところ、越境の動機は反ソ運動の嫌疑により粛清工作に挙げらるることを惧れたるによると
二、軍は極秘裡にこれを京城に引致調査の予定
三、関係各機関と連絡し事実を秘匿すると共に、新聞発表等は一切禁止す。琿春においても特務機関において、この処置を講じあり

第二項目にあるように、朝鮮軍司令部は今後の扱いについて明確な方針を示していた。同司令部内では偽装スパイ説が有力で、そのままソ連に追い返せという意見まであった。しかし短時間では結論が出ず、判断はこの電報の発信者である同軍参謀長・北野憲造少将に委ねられた。多くの証言が示すように、朝鮮軍は関東軍への対抗意識が強かった。自分たちの守備範囲である琿春県の事件は、自分たちが一義的に関与すべきとの意地が先だったのだろう。

いったん京城に身柄を移してしまえば、とりあえず面子も立つ。

「リュシコフ」の名は、著名なブリュッヘル元帥らに交じって極東地方選出のソ連最高会議代議員として公表されていた。謎の越境者の自称が、ソ連極東に実在する高官名と一致することは、琿春特務機関でもただちに気づいただろう。また、前年の極東ソヴィエト機関紙『太平洋の星』には同名高官の写真が掲載されていた。紙面の写真と照合すれば瞬時に別人と露見するような偽者をソ連が送り込むはずはない。対ソ警戒にあたる関東軍諜報関係者はそれにすぐ気づき、本人の供述通り、ＮＫＶＤ極東地方長官その人であることを疑わなかった（大越兼二「スターリン信頼の幹部による謎の亡命事件」）。

陸軍、外務両省は重大な国際問題を抱え込んだと認識した。当時の日本は中国大陸で戦端を開いている。政府としてはいたずらにソ連を刺激したくなかった。問題をこじらせないためにどうすべきか、両省間で慎重な論議が交わされた。外務省がモスクワの大使館を通じて、ソ連当局に亡命希望者「リュシコフ」の氏名を通告し、身分を照会するという筋の通し方をしたのも、深慮遠謀の表れだろう。相手の出方を待っていた東京にモスクワから、「該当者なし」とのそっけない返答が届く。日本はかえって動きやすくなった。

亡命事件当時の関東軍参謀で、戦後は産経新聞論説室嘱託を務めた大越兼二は、情報将校として東京で一度リュシコフ本人とひざを交えて論議したことがある。戦後はこの亡命事件に関して、内外の研究者やジャーナリストに求められるまま、数々のインタビューに応じた。そのため、大越の証言を引用した文献は多い。特定のリュシコフ像を世に広めた張本人、といえるかもしれない。その大越によれば、リュシコフは参謀本部手配の特別機でどこにも立ち寄ることなく現地から直接東京に飛んだという（大越前掲書）。二〇二一年に朝日新聞デジタルで連載された永井靖二編集委員の特集記事「砂上の国家　満州のスパイ戦」も、「リュシコフは［拘束された］翌一四日、特別機で東京へ移送された」と書く。七九年に出版され、記録集としても評価の高い西野《にしの》辰吉《たつきち》の評伝『謎の亡命者リュシコフ』には、この東京直送説と京城移送説のふたつが並行して紹介されている。著者の西野は自身の判断をはっきりさせていない。真相はどうだったのか。

琿春にあったリュシコフの身柄受け取りに出向いたのは、朝鮮軍参謀の吉田少佐と岡本通訳官（少佐同等）だった。たまたま琿春最寄りの第一九師団司令部（羅南《ラナム》＝現北朝鮮清津《チョンジン》）に出張中だった二人に、急遽重大な別命が下ったのは、京城で別途仕立てた移送班を送り込むまでの時間が惜しかったに違いなく、朝鮮軍司令部の性急ぶりが表れている。吉田、岡本に二名の憲兵を加えた移送班一行が現地を発ったのは越境の翌日、あるいは翌々日か。

古津によれば、当初から本物のリュシコフと疑わない関東軍は、参謀の辻政信《つじまさのぶ》少佐を急遽琿春に差し向けた。身柄を満洲国内に留め、対ソ諜報戦の即戦力にするためだ。しかし、一足違いで取り逃がしてしまった。辻の上官にあたる同軍参謀副長・石原莞爾《かんじ》は激怒し、「事件は満洲国内で発生し、警備隊《ママ》が扱ったのに、朝鮮軍に引き渡すとは何事だ。こういうことだから、せっかくの新生満洲国の権威も損ね、友邦の念がないというのだ」（古津前掲書）と板垣陸相にまでねじ込んだが、後の祭りだった。この事件が起きるまでは、琿春特務機関がソ連からの不法越境者、スパイ容疑者を摘発すると、関東軍ハルビン特務機関に身柄を送り詳細な調べを行うのが常だった。京城への移送は異例といえば異例に違いない。

辻政信

ここに名前が出た辻政信は、後述するノモンハン事件をはじめ、戦史に残る多くの戦闘に作戦参謀として関わった。戦後の研究では、独断専行の指導ぶりや、部下への自決強要、捕虜虐待の責任から逃げ回ったことなどが暴かれ、戦中の名声は地に落ちた。

満洲国の生みの親で、中国戦線不拡大派の筆頭だった石原莞爾に関しては、多くが語り尽くされている。付け加えるなら、石原はそりの合わない陸軍次官・東條英機の無能ぶりに嫌気がさし、陸軍中央に唐突な予備役編入を申し出た際、リュシコフ身柄争奪戦の恨みをダシに使ったとされている。

四、京城商店街を往く

京城行き急行の二等車はコンパートメントで、日本海側をひた走る。はじめは不安げだったリュシコフだが、荒涼たるシベリアとは打って変わって表情豊かな車窓の風景に見入った。工業地帯に差し掛かるとその発展ぶりに驚かされた様子で、盛んに岡本通訳に質問を浴びせた。朝鮮半島に日本が敷いた鉄道は広軌のため、車両の設えは内地に比べ豪華だった。二等車であっても彼にとっては、満足のゆくものだったらしい。

京城到着後、リュシコフが連行された施設は、赤レンガ造り二階建ての建物で、一階が京城憲兵隊本部、二階に朝鮮憲兵隊司令部が入っていた。軍事担当の新聞記者が頻繁に出入りする朝鮮軍司令部からは距離がある。市内の中心から遠くはないが、雑踏から離れた南山地区の緑濃い一角だった。周囲に民家はなく、もっぱら現地在留邦人のための複数の神社、中学、女学校があるばかり。警備上、うってつけの場所だった。リュシコフはわずか四日間だが、憲兵司令部宿舎に寝泊まりし、取り調べは別棟の京城憲兵分隊・分隊長室で受けた。一口に憲兵といっても、内地と外地では役割が異なった。内地憲兵は軍隊内の警察機能が主だが、外地憲兵の場合は防諜活動の比重が大きい。

京城・本町通り（1930年代）

尋問には分隊長の中村通則少佐と憲兵隊司令部付の恒吉義知大尉が通訳を介してあたった。扱いは終始丁重だった。リュシコフは尋問に素直に応じた。尋問の主眼は供述に矛盾がないかどうかの見極めだったという。リュシコフの答は終始一貫していた。憲兵隊は、その日の供述内容を逐一関係方面に電話連絡する一方、文書による詳報も作成する念の入れようだった（古津前掲書）。

中村分隊長は上官と相談のうえ、くたびれた背広を新調してやることにし、洋服屋を呼び採寸させた。リュシコフは仕立職人の息子だから元来おしゃれだったのだろう。服ができあがり袖を通すと子供のように喜んだという。それにしても、超大物かもしれない亡命者相手の取り調べにしては、いささか緊張感を欠いていないか。それ以前の問題として、なぜ朝鮮軍司令部が関与せず、憲兵隊単独で調べたのかという疑問が湧く。古津は何も言及していないが、そもそも憲兵隊預りにしたのは、はじめから安全な一時留置、つまり時間稼ぎが目的だったのではないか。京城での調べが実質三日間で打ち切られたのも、リュシコフの身柄を参謀本部の管理下に置く方針が最終決定されたためだろう。事実、その間、水面下では身柄を巡る参謀本部と関東軍の争奪戦が続いた。

一六日未明、ソ連領ポシェト方向から琿春側に向けて威嚇の大砲二発が撃ち込まれた。水流峰、五家子《ごかし》などの要地ではソ連兵がトーチカを築く姿も確認された。ソ連側がリュシコフの奪還に動いたのか、朝鮮軍には相手の意図が読めなかったが、琿春の満ソ国境周辺は張り詰めた空気に支配されていた。

東京行きが決まると、憲兵隊では日本酒を振る舞ってリュシコフを慰労した。身分に相応しい処遇を求めたい三等大将としては、東京移送を嫌う理由はなかった。同隊の敷地からは京城の街が一望できる。街を歩いてみたいとリュシコフが申し出たので、警備上の配慮をしたうえで、中村分隊長自ら連れていくことにした。

この奇妙な一団の散歩に同行を許された記者がいる。中村と親しかった同盟通信の古津だった。代表取材ではない。同業者がめったに足を向けない南山に地道に通い詰めた成果だろう。リラックスしたリュシコフの素顔を間近に観察した運のいいジャーナリストは、あとにも先にも古津だけだ。ただ、その時点では、同行した異邦人の素性は教えられていない。

「リュシコフは丈が低く、顔も日焼けしていて一見、外人とは思えない。ブロンドのちぢれ髪は異様だが、これもベレー帽をかぶれば日本の画家か作家のように見える。夕方だった。……商店街はどこまでも続き、軒並みぎっしり商品の山がある。『ハラショウ』を連発するベレー帽の男は何者であろう」。当時の印象を古津はこう回想する。中央でこの男について発表になったら、その発表の範囲内で、記事にしてもいい――。それが同行取材を認めるにあたっての中村の条件だ。了承した古津は記者の仁義を守って解禁を待った。

　越境事件から半月、ついに「中央の発表」はあったが、それには「京城」はおろか「朝鮮」の文字もない。これでは「ベレー帽のソ連亡命大将、京城の町散歩」を記事にはできない。「発表の範囲」を超えているからだ。古津は、「中村分隊長と顔を合わせて苦笑いするしかなかった」と書くが、独占スクープをフイにして内心は泣きたかったに違いない。

京城から東京までの移送の詳細は、まったくというほど語られてこなかった。戦後、憲兵経験者の戦友会、「全国憲友会」を率いた角田忠七郎の『憲兵秘録』はその点、唯一の例外かもしれない。ただし角田本は、知られざる憲兵たちの活躍を掘り起こすのに急なあまり、客観的な記述になっていない部分がある。

京城を去る朝、分隊長の中村は機密費から二〇円を餞別としてリュシコフに手渡し、移送を担当する部下の林曹長と清水軍曹に引き合わせたうえ別れを惜しんだ。著者の角田は、東京まで林、清水の両名だけで護送したかのように描き、責任者の存在をあえて書き落としている。これも憲兵の存在を大きく見せたいからだろう。大物であることが濃厚な亡命者の遠距離移送を、憲兵下士官だけに任せるわけがない。実際には、朝鮮軍情報参謀・土屋栄中佐が全旅程を通して同行し移送の指揮を執った。琿春から越境事件発生の一報を電話で受け、参謀本部に中継した当人が土屋だ。

当時の汽車は現代人が想像するよりはるかに遅い。午後二時に京城駅を急行列車で発ち、釜山に着いたのは翌日午後だ。全員私服の一行は関釜《かんぷ》連絡船の出港を待つ間、釜山憲兵分隊で休息をとった。分隊長の長浜少佐はシベリア出兵を経験しロシア語ができたことから、リュシコフとの間でウラジオストクの思い出など話がはずんだ。そのせいか、供された食事を二人前平らげる健啖ぶりを見せた。乗船したのは夜の便だ。デッキへ出たいというリュシコフの希望は警備上から退けられたが、そのかわり土屋は食堂からウォッカを取り寄せて飲ませた。越境以来、初めての故郷の味だ。いよいよ大陸を離れる感慨もあったはずだ。飲酒癖のないリュシコフだったが、このときのウォッカは腹の底まで沁みただろう。

下関までは七〜八時間の船旅だ。すでに日の高い桟橋で出迎えたのは私服姿の上原憲兵曹長で、東京行き急行の二等寝台車を手配していた。移送責任者の土屋は、連絡船を下りたとき、「……憲兵にしつこく質問されて困ったのを覚えています」と、のちに打ち明けている（川口信行「『スターリン暗殺計画』の主人公リュシコフ大将の最期」）。この時点で、琿春での事件は一切発表されていないし、下関の憲兵隊でも一行の通過を知る者はごく限られていた。上原が一行と合流する前に、事情を知らない別の制服憲兵が怪しんで根掘り葉掘り訊いたのだろう。責任者の土屋は出したくもない軍隊手帳を出す羽目になった。大陸と内地を結ぶ玄関口だった下関の監視体制はそれほど厳しかった。

日本での第一夜は東上する寝台車のなかで迎えた。内地の列車は狭軌のため大陸より一回り小さく、亡命者は面白がった。一般にロシアの宿や家庭のベッドは、大の男が寝るには不釣り合いなほど小ぶりにできている。そんなことを思い出したのかもしれない。上部の寝台で休んでいたリュシコフが翌朝カーテンを開けたのは、列車が静岡の沼津付近に差し掛かった辺りだ。一行が朝食をとった食堂車の窓からは富士山が見え、リュシコフは終始黙って眺め入っていた。神奈川の大船駅から制服と私服の憲兵が一人ずつ乗り込んできた。そのうちの私服から、終着の東京まで行かず、次の駅、横浜で下車するよう告げられた。一行は横浜駅頭に待機していた憲兵隊の車で東京・三宅坂の陸軍参謀本部を目指した。

同本部では取り調べもなく、リュシコフは夕方、九段にある陸軍将校クラブを兼ねた宿泊施設の偕行社《かいこうしゃ》に落ち着いた。三階のスウィートルームをあてがわれた。同階は完全に人払いされ、憲兵による厳重な警備が敷かれていた。京城から移送班を率いてきた朝鮮軍情報参謀の土屋は、リュシコフと固く別れの握手を交わした。参謀本部に身柄を預けたときの安堵感を土屋は忘れることができなかった。

五、亡命事件はどう伝えられたか

偕行社には亡命者を待ちわびている男がいた。モスクワ大使館付武官補佐官を経験した参謀本部第五課の甲谷悦雄だ。「最初、リュシコフに会ったときは、私は不動の姿勢です。虜囚の身ではあっても、向こうは大将、私は少佐ですからね。私はいった。『生命を十分保証申し上げますから、ご安心ください』。すると彼は、『ありがとう《スパシーバ》』と涙ぐんだ」（川口前掲書）。甲谷とリュシコフは以前から旧知だったという説があるが、ソ連の秘密警察の幹部級が、モスクワに赴任中の日本軍人と偽名ベースであれ知りあう機会があったとは考えにくい。

奇遇なことに甲谷は、リュシコフの身柄争奪戦に絡んだ関東軍の辻政信、東京までの移送を担当した朝鮮軍の土屋栄と陸軍大の同期だ。のちに最後のドイツ駐在武官としてヒトラー政権の滅亡を目の当たりにする。戦後、公安調査庁に転じ、表向き全うな情報機関を持つことが許されないなかでも、情報将校としての貴重な経験を後輩たちに伝えた。平成の時代、諜報、防諜、闇社会などの大きなニュースが飛び込むと、貴重な解説役として、ある時期までテレビ各社に引っ張りだこだった同庁ＯＢの菅沼光弘は、甲谷との出会いをきっかけにその道に入ったという。

偕行社の窓から射し込む真夏の日差しはなかなか陰らない。雑談を交わしていた甲谷は、リュシコフの言葉にはっとした。「少佐、私はあなたを監視していました……」。甲谷のモスクワ在勤当時、ＮＫＶＤ本部から監視の指揮を執っていたのがリュシコフだった。目的は単なる防諜ではない。弱みを握って脅し、ソ連側のスパイとしてリクルートする狙いだ。「私はどういう評判でしたか」と甲谷はざっくばらんに聞いた。「あなたには本当に困った」とリュシコフは苦笑いする。甲谷が次から次へとデートの相手を取り換えるので、「女を固定できなかった」と打ち明けた。甲谷は上官から、あらかじめハニートラップへの対抗策として、「一人の女と三度以上付き合ってはいけない」と言い含められており、それを守っていたのだ。

「奥さんはどうしました」と甲谷が尋ねたとき、リュシコフは言いにくそうに「国境の向こう、ポーランドへ逃げたはずですが」と話した。その時点で彼を最も不安にさせていたのは、何を措いても妻子のことだった。最終目的地はパリだったという。事情を聞いた甲谷は、ポーランド・ルートで消息を探ってみます、と応じた。ソ連からの越境者が、家族をポーランド経由でドイツやバルト諸国に送り出すのに成功したケースは実際にあったようだ。日本軍は、ソ連に対する強い警戒感で一致するポーランド軍を、世界最高の対ソ情報源と評価し、関係を築いてきたが、甲谷はそれ以上付け加える言葉を持たなかった。

リュシコフの身柄が東京に移ってからも、越境事件は外部に厳重に隠されていた。ところが、いくつか情報漏れが確認された。ひとつは、ポーランド軍情報部が、六月二四日までにバルト三国のひとつラトヴィア経由で、リュシコフ越境の情報を掴んだこと。これには陸軍参謀本部も狼狽を隠せなかった。ラトヴィアは秘密のヴェールに覆われたソ連と、その内情を探りたい欧米各国との熾烈な諜報戦の地だった。

もうひとつは、モスクワの日本大使館が極秘裏にソ連当局へリュシコフの身分照会を行った際の動きが、現地駐在の日本人特派員に漠然とした形で察知されていたことだ。「ソ連高官が満洲に脱走したらしい。軍の捕虜として取り調べ中の模様」との一報が東京に打電されたのは、同盟通信の古津によれば「六月十三日の亡命から十日もたっていた」というから、六月二三、あるいは二四日の話だ。これも陸軍省発表の約一週間前で、ポーランドから情報が出たタイミングと妙に符合する。

さらに、あるアメリカの東京駐在特派員が、亡命者の東京移送を直後から察知し、潜伏先を探ったらしいことだ。戦史家ノックスによれば、この特派員は、リュシコフの居場所の詮索を嫌った陸軍省が、一度設定した記者会見の予定を急遽キャンセルした、といった裏事情まで知っていた。

【陸軍省〔七月〕一日正午発表】ソ聯邦内に於ける苛烈なる粛正《ママ》工作のため身辺の危険を感じたる極東地方内務人民委員部長官三等国家保安委員（三等大将に相当）リュシコフ・ゲンリッヒ・サイモロウィッチは我が国の保護を求める目的を以て去る六月十三日午前五時三十分頃琿春東方満蘇国境を身を以て脱出し満洲国境警察隊に収容せられたり……。

雨中の越境劇から半月。陸軍省情報部と満洲国治安部はそれぞれ、亡命事件の概要を記者発表した。文面は別物だ。満洲国のものは、陸軍省のそれより詳細でボリュームが三倍近くあり、リュシコフのいくつもの肩書のうち、「ソ連極東ゲ・ペ・ウ（GPU）最高指揮官」を冒頭に示しているのが目を引く。二つの発表は両国とも、翌二日の新聞各紙のトップを一斉に飾った。「粛清行き過ぎの犠牲　冷酷・スターリンの責任転嫁　ソ連大将入満の裏面」など、派手な見出しに衝撃の大きさが見て取れる。一部の新聞社は号外まで発行し、「手記」の全文を掲載した。

陸軍省のほうは、もう一人、ソ連軍少佐フランツェウィチ・フロントヤルマルの越境も同時に公表した。苗字が長いので日本側にフロント少佐と略称されたこの人物は、ソ連の傀儡国家モンゴルに駐屯していた第三十六自動車化狙撃師団司令部付で、砲兵部長（参謀長）の肩書を持っていた。自ら運転する自動車で、満ソ国境を越えて内蒙古（満洲国側）に脱出してきたのは五月末だ。やはり粛清を恐れての行動だった。フロントは生粋の軍人であり、リュシコフとは違った意味で、ソ連の脅威に対抗する秘密兵器として期待されたが、東京には呼ばれず、関東軍の保護下に置かれた。新聞は今後こうした脱走者が続出するとの予測記事を掲げた。

夕刊 東京日日新聞

暗黒のソ聯を逃れて

リュシコフ大将（極東ゲ・ペ・ウの長官）
我保護を求めて越境
フロント少佐は内蒙へ

飄然・朝霧に隠れて脱出
美妻から"接吻送る"の密電

愕然たるソ聯當局
極東責任者を罷免
警備隊の動搖歴然

"死"の拷問を呪ふ
ラービン大将の血書
リュシコフの懐中に秘む

"調停"とは認識不足

徳王主席就任

要職を歴任
リュシコフ大将略歴

リュシコフの日本亡命を伝える東京日日新聞（1938年7月2日、夕刊）

新聞号外で公表された長文の「手記」の中身を一言でいうなら、スターリンに対する決別宣言だ。序盤は、亡命に至る経緯を説明しながら、自分のなかに深刻な葛藤があったことを率直に認める。他の多くの党員や政府関係者と同じように、架空の罪を受け入れて「人民の敵」と謗《そし》られながら銃殺されるか、それとも亡命の道を選ぶか。後者を選んで成功しても、残された家族、親戚、朋友に累が及ぶ。それでいいのか……。「然り、私は正に裏切り者だ、けれどもそれはスターリンを裏切ったので、決して自国民と祖国を裏切ったものではない」。自らに言い聞かせるような表現だ。祖国ではレーニン主義の根本が見失われている。そう指摘してリュシコフは自分の歩みを苦々しく振り返る。スターリンによる粛清の端緒となったキーロフ（党内第二の実力者）の暗殺事件捜査に自ら深く関わったこと。その事件処理を通して意図的に不安を煽り、一連の古参党員らによる「陰謀事件」をデッチ上げたこと……。そうやってスターリンは十月革命や内戦の元勲をほとんど粛清した。NKVD内では、必ずしも古手ではない中堅幹部にも粛清工作が及び、逮捕、免職後は、強制収容所送りになっていた。いまやソ連では「ただ盲目的にスターリンの意志を遂行する人間のみが必要なのだ」。一方でスターリンは国内の関心を国の外に向けさせるため、軍備増強に狂奔している。蒋介石を駒として使い、日本と戦争している国民党政府（蒋介石政権）に形だけの援助を行いながら、実のところ、日本が大陸で疲弊するのを待っている。スターリンのテロ政策と断固たる闘争をしなければならない……。最後に日本の第一印象に触れ、中国で戦争中にも関わらず、国民の生活状態は平時と変わらず、ソ連国内の報道とは違って商品は豊富で価格も安い、と結んでいる。

六、記者会見の「スターリン批判」

越境からちょうど一ヶ月後の一九三八年七月一三日、陸軍省の主催でリュシコフの記者会見が開かれた。同省の狙いは、彼の存在を認めず日本側の虚構だと言明しているソ連に反証を突き付けることだ。また、アメリカの新聞が同月一日に公表された「手記」を「小学生向きの作文」とこき下ろし、中国での軍事行動の遅れをごまかしたい日本軍部の情報操作だ、と決めつけていることへの反撃でもあった。妙な勘繰りの払拭には、本人がカメラの前に生身をさらし、内外の記者たちから自由に質問を受けるのが最も効果的、との判断によるものだろう。

会場の赤坂・山王ホテルは、帝国ホテル、第一ホテルと並び当時の東京を代表する近代的宿泊施設で、二・二六事件の反乱軍が司令部代わりに占拠したことでも名高い。案外知られていないのは、ソ連の諜報機関とも縁があったことだ。初来日したリヒャルト・ゾルゲが日本での第一夜を過ごし、戦後は東西冷戦を背景にしたレフチェンコ事件でも舞台のひとつになっている（A・クラーノフ『東京を愛したスパイたち』）。

会見は二部制で前半が外国メディア向け、後半が国内向けだった。現れた人物について、五尺四寸くらい（約一六七センチ）の短躯で、肉付きは良くスマートに背広を着こなし、表情は柔らかいが目が鋭い、と観察した日本人記者がいた。亡命時の口髭は落とされていた。午後二時に始まった外国記者団との質疑には、英語とロシア語の通訳が必要だった。英語のほうは同盟通信の相良記者が引き受けた。

記者会見に臨むリュシコフ

「この会見に一人ソ連タス通信東京特派員メーリングが顔を見せなかったことが人眼を惹いた」（『月刊ロシヤ』一九三八年八月号）。ドイツ紙フランクフルター・ツァイトゥングの記者を装ったソ連赤軍情報部のスパイ、ゾルゲもこの席にいた、と作家の西野辰吉は記しているが、裏付けは取れなかった。ゾルゲとリュシコフには互いに面識はなかったものの、ゾルゲを日本に派遣した元締めで、信頼関係にあったベルジンも、その後継部長のウリツキーも、リュシコフが在籍したNKVDの手ですでに粛清されている。もしゾルゲが記者席にいたとすれば、その胸中はどんなだったのだろう。

会見でリュシコフは、NKVD発行の顔写真入り身分証明書を記者たちに示して、嘘偽りなく本人であることを確認させた。いざ質疑が始まると、通訳を介する手間や、通訳と速記者間のやり取り、写真班が盛んに浴びせるフラッシュ、映画班のカメラが発する大きな駆動音などが、会場の集中力をしきりに削いだ。それでも、リュシコフには終始動じる様子はなかった。リュシコフの職務経歴を巡る簡単な質疑のあと、いきなり核心に迫ったのは、モスクワ駐在の経験が長く、ソ連について著書もある特派員だった。以下、『月刊ロシヤ』の記事をベースにやりとりの一部を振り返ってみよう。

問：デッチ上げ事件を見世物仕立てにした公開裁判で、名だたる要人らが素直に罪を告白するのはどうしてか（米クリスチャン・サイエンス・モニター、チェンバレン記者）

答：それはモスクワには政治犯を入れる特殊監獄があって、政府の意思通り答えるまではそこに入れておくのである。

問：赤軍の士気について。赤軍の兵士は指揮官に反感を持っていないか。食料、兵営に不便はないか（豪プレス・アソシエイション、ホワイティング記者）

答：かつて国内戦で活躍した師団長、連隊長その他中堅士官はほとんど検挙され、目下残っているのはほんの少数だ。最近のいわゆる粛清工作で政府は一般人民に相当圧迫を加えており、それは非常に組織的で約一〇〇万人の人間が検挙されている。一〇〇万という驚くべき数だが間違いはない。……赤軍と国民との間は非常に密接で、国民が不満を持っているということは赤軍兵士も甚だ不満だということだ。

問：政治犯を自白させるのにバットで殴るとか、ステッキで打つとか、逆さに吊したり食糧攻めをやったりしないのか（英ロンドン・デイリー・メイル、レッドマン記者）

答：（無視して前問に対する答を続けて）極東軍の駐屯地では大部分が家族連れの兵士が仮小屋をつくって住み、兵器その他の日常品の分配も円滑にはいかない。彼らはヨーロッパ・ロシアから極東に送られてくるが、途中、輸送が途切れて立ち往生することさえしばしばある。

問：反スターリン運動はどの階級で最も盛んか（チェンバレン夫人）

答：どの階級か、どの地方が盛んか、ちょっと言えないが、スターリンに不満を抱いている者は無数にいる。あまりにもたくさん検挙し過ぎるので監獄が足りないくらいだ。

だから今では、ラーゲリ（強制収容所）の中に放り込まれている。それがソ連邦内に約三〇ヶ所、極東だけに五ヶ所できている。過去数年間に一〇〇万人がこれに繋がれている。政府要人、軍の高官だけでも一万はいる。

問：あなたは単にスターリン政権に反対なのか、それともマルクス主義全体に反対なのか（質問者不詳）。

答：スターリン政権に反対する。とにかくソ連は現在スターリンの独裁政治であり、極めて巧妙にプロレタリアの独裁権を破壊してきた。だから今の共産党は組織としては残されていない……。

リュシコフ亡命事件が公表されると、日本の論壇は沸騰した。共産主義の思想や政治活動は厳しい取り締まりの対象だったが、謎多き国ソ連を論じる自由はあった。もっぱらソ連関係の論稿だけを集めた専門誌も複数発行されていた。一定数の固定読者層が存在した証拠だ。そこにセンセーショナルな事件が起きる。同じ年の年明け早々、大女優だった岡田嘉子《よしこ》と、新劇系の演出家で日本共産党員の杉本良吉が、手に手を取って雪の樺太国境からソ連に逃亡したのだ。「恋の逃避行」の不幸な成り行きを国民が知るのはずっとのちだが、片やパラダイスを求めて逃げて行く者がおり、片や地獄を見て逃げてきた者がいる。ソ連の国情について人々の関心が高まるのは当然だった。

「リュシコフ大将の越境投降事件は、今日のソ連が生んだ極めてセンセーショナルな大問題であると共に、その社会的、政治的意義は極めて大きい」。

「手記」公表のわずか四日後に脱稿し、専門誌の特集を飾ったある論稿はこう書き出す。「しかしながら、今日のソ連邦の国内情勢の実相をある程度まで知るものにとっては、それ程奇異な問題でもなく、また意外な突発事として衝動を受けるべき事件でもなく、むしろ当然あり得べき事実が、その相貌の一端を露呈したのに過ぎない、と云うべきである」。

傍点部分は執筆者の過剰な謙遜だ。なぜなら、この執筆者はかつて、外国人には至難といわれるソ連共産党の党員資格を持ち、現地在住中、いわれのない罪を密告され、一切の抗弁を退けられて、北極圏に近い強制収容所に放り込まれながら、生きて再び故国の土を踏んだ、当時としてはただ一人の日本人だったからだ。のちに、博覧強記の文化人類学者、山口昌男をして「日本のソルジェニーツィン」と呼ばせた男の名は勝野金政。リュシコフと勝野、二人の視界には、そのとき同じ奇怪なソ連像が映り込んでいた。

第二章

それぞれの転向体験

一、密告が変えた航路

「手記」の持つ意味を直ちに読み解いてみせた勝野金政は、ソ連関連の話をテーマに小説と評論を文芸誌、専門誌に発表し始めた新進作家だった。当時一流の総合誌だった『文藝』三七年八月号をみると、勝野のデビュー小説『モスクワ』が、伊藤整の『幽鬼の街』と共に目玉作になっており、同時に掲載されたゾルゲ上海課報団のメンバー、アグネス・スメドレー作の『馬』より目次の扱いが大きい。編集後記は勝野を伊藤と並べて「文壇の新しい風」と讃えている。著述家としてまずは順調な滑り出しといえた。そんな勝野は、参謀本部第五課長・土居明夫の誘いを受けて、三七年秋から同課の嘱託として勤め出し、作家と二足の草鞋を履いている。余談だが、『モスクワ』が掲載された同号には、スメドレーの自伝的小説『女一人大地を行く』の広告も見える。その訳者として名前が出ている「白川次郎」は、ゾルゲ事件に連座した大物スパイ尾崎秀実《おざきほつみ》のペンネームだ。

参謀本部での勝野の立場は微妙だった。日本共産党（日共）からの転向者は世間に珍しくなかったが、勝野の場合、よりによってソ連の党員だった。しかも、コミンテルン（第三インターナショナル、世界共産党）の大幹部だった片山潜の私設秘書を務めていた。日本帰還時にかけられた治安維持法違反の容疑は晴れていたものの、部内ではそんな大変な奴を引き入れて、勝野がもし裏切ったらどうする、との声も聞こえた。これに土居は「その時には俺が腹を切るから心配するな」と応じ勝野を擁護した（勝野「参謀本部のなかで」）。こうして勝野は、あとから合流してきたリュシコフと七年近く共に働くことになる。

一九〇一年、長野の木曽で木材取扱業の家に生まれた勝野は、リュシコフの一歳下。早稲田大露文科に進学した文学青年で、実家が島崎藤村を出した島崎家と代々親戚付き合いだったことから、関東大震災を契機に藤村の顰《ひそ》みに倣って渡仏。パリ大で政治哲学と医学を学び始めた。そこでは芹沢《せりざわ》光治良《こうじろう》（作家）、草野心平（詩人）と袖をすり合わせている。フランス社会党の指導者で、第一次大戦に反対して殺されたジャン・ジョレスを終生変わらず敬愛した勝野は、ジョレスの遺体が一般墓地から偉人たちの眠るパンテオンに移された祝賀のデモを見に行き、たまたま隊列に引っ張り込まれた。相手はフランス人の女性労働

勝野金政

者で、見るからにアジア系の自分を分け隔てしなかったことに胸を熱くした。やがて反戦とインターナショナリズムへの思いが募り、フランス共産党に入党する。過去もろくにわからない日本人留学生をあっさり受け入れるあたり、フランス党のおおらかさは、ソ連党の疑り深さとは対照的だ。もちろん、当局に共産党のいたずらな膨張を許すつもりはない。目を付けられていたのだろう。些細な事案で何度か逮捕され、ついには国外退去処分を言い渡された。

どうせ日本に帰されるのなら、出来る限り見聞を広めたいと、東京帝大助手で官費留学中の平野義太郎《よしたろう》にドイツの左派人脈を紹介してもらい、ベルリンに向かった。現地には、東京帝大医学部助教授の国崎定洞《くにざきていどう》を中心として「在ベルリン日本人反帝グループ」ができていた。蝋山政道《ろうやままさみち》（政治学者）、有沢広巳《ひろみ》（法政大総長）、高野岩三郎（社会運動家）、千田是也《せんだこれや》（演出家、俳優）、藤森成吉（劇作家）、蜷川虎三《にながわとらぞう》（京都府知事）ら、戦後の日本で多方面に活躍する錚々たる人材の集まりだ。ほかに、与謝野鉄幹《よさのてつかん》の甥で、ドイツ共産党員になっていた与謝野譲《ゆずる》もいた（加藤哲郎『モスクワで粛清された日本人』）。勝野は国崎宅に泊まるなどして二ヶ月ほどベルリンに滞在した。やがて、ソ連も観ておきたい気持ちが昂じ、コミンテルン幹部で「日本の社会主義の父」とされるモスクワの片山潜に手紙を送って受け入れを頼んだ。旅費は「反帝グループ」のメンバーに用立ててもらい、ポーランドを経由して寂寥《せきりょう》とした風景のなかを北へ向かった。

二八年三月のモスクワは、革命から一〇年が経ったというのにまだうらぶれたままだった。泥棒、スリ、かっぱらいが横行し、街頭に売春婦が立つ光景はパラダイスには程遠かったが、まだ革命のとば口だ、と考える勝野には気にならなかった。

素顔の片山潜は孤独な老人だった。コミンテルン幹部のために用意されたホテル・ルックスで、手伝いの女性に支えられながらの一人暮らしだった。片山は勝野の来訪を大いに喜んだ。勝野は、旧貴族邸を利用したモップル（国際赤色救援会）の宿舎に身を寄せ、頻繁に片山を訪ねた。ロシア語が上達すると片山の紹介で、経済外交官を養成する教育機関に日本語講師の職を得た。ソ連の市民権も取った。ソ連共産党員になる道は通常極めて厳しいが、旧知のフランス共産党幹部とコミンテルンの建物で偶然再会し、その口利きで、あっけなく党員証を手にした。

片山潜

勝野は空いている時間で、片山の回顧録執筆を手伝っていたので、徐々に片山を巡る人間関係が分かってきた。確かに片山はコミンテルンでは日本の共産主義者を代表する立場にいたが、革命前からアメリカに亡命して活動してきた彼の経歴は、修羅場をくぐって日共から送り込まれた活動家たちからすれば生温いもので、「[彼らから]好かれてはいず、むしろ馬鹿にされていた」(高谷『コミンテルンは挑戦する』)。なかでも労働者出身の自負が強い日共中央委員の山本懸蔵《けんぞう》(通称山懸《やまけん》)から疎まれており、その山懸が日共ソヴィエト代表部を牛耳っていたことから、片山の地位は必ずしも安泰とはいえなかった。

実は、片山本人もそれを自覚し、密告と粛清の風が吹き始めていたソ連で、生き残る術を手繰り寄せるのに汲々としていた。動かぬ証拠がある。ソ連崩壊後の九九年に研究者の加藤哲郎が、モスクワの公文書館で発掘した日共秘密文書に付属する一文だ。「勝野はブルジョア出身で無産者運動に理解がないので日本に送り返すよう提議する」と、コミンテルンに「日本代表者団」が要請している書面の二八年七月付英訳版には、山懸らと共に片山の署名もあった。いわゆる二枚舌だ(加藤「勝野金政のラーゲリ体験と国崎定洞の粛清」)。それに引き換え、勝野は没するまで片山の誠意を疑ったことはなかった。

順風満帆に見えた勝野のモスクワ生活は、片山に頼まれて入国間もない京都大出の哲学青年、根本辰《とき》の面倒を見るため、あちこち走り回ったことから狂い出す。根本が「在ベルリン日本人反帝グループ」の紹介で片山を訪ねてきたのは勝野と同じだ。だが、日共ソヴィエト代表部は、根本にはどの国の共産党籍もないとして、ソ連に残って勉強することに反対の意向を示した。インテリ出身だからスパイかもしれない、と。モスクワを離れて療養先にいた片山に勝野がこれを急報すると、「厄介な人間を紹介して本当に済まなかった」と予期しない気弱な謝罪の言葉が返ってきた。深読みすれば、直後に続発する不幸な事態の暗示にも受け取れる。そうこうするうち、根本がＯＧＰＵ（チェーカー）に突如連行された。そして国外退去処分を受ける。勝野もまもなく逮捕された。三〇年一〇月末だった。

根本辰

勝野と根本の奇縁についても、少し触れておきたい。勝野には、郷里の南木曽で親戚同然の付き合いだった島崎家に、幼少期から実の姉のように親しくしていた八歳年長の女性がいた。島崎藤村の姪にあたるこま子だ。妻を亡くした藤村の身の回りの世話を焼くうち、こま子は藤村と道ならぬ関係に陥り、その実体験を藤村が告白小説『新生』で赤裸々に暴露したため、こま子の身辺は大変な騒ぎになった。彼女は寄宿していた東京の親類の家に居られず、台湾への一時転居を挟んで、自由学園の創立者、羽仁《はに》もと子の下に身を寄せ、手伝いをするようになっていた。勝野がフランスに発つ挨拶にこま子のもとを訪ねると、着物の切れ端で作った針箱に糸と針を添えて餞別として持たせてくれた。それ以来、彼女の暮らしぶりを知らず、気にかけていた。ところが偶然にも、根本はこま子を身近に知っていた。彼がいた京都の学生寮で寮生の賄いをしていたというのだ。しかも、マルクス経済学者・河上《かわかみ》肇《はじめ》の門下生で、同じ寮にいた人物と結婚し一児をもうけてもいた。勝野が知る少女時代のこま子は純情可憐で、長じては古風な日本女性に見えたが、根本が語る彼女の像は、それとはまったく相違していた。「左翼運動の泥沼にはまりこ」み、地下に潜伏したり、右翼に刺殺された労農党代議士・山本宣治《せんじ》の葬儀に、特高の目が光るなか参列を強行するなどしていた（勝野『凍土地帯』）。モスクワで初めて出会った根本から、こま子の思いがけない変わり様を聞かされ、勝野は言葉を失った。

逮捕された先で勝野は、根本をなぜ推薦したのかなどと追及され、モスクワの二つの監獄に計一年半繋がれた。その間、在留邦人をスパイする役目で協力しろと迫られた。お前はソ連共産党員だからやる義務があるとも言われた。受け入れれば釈放されたかもしれない。しかし拒否した。片山に手紙を書いても届かなかった。ハンストをやって倒れもしたが、なんの効果もなかった。結局、弁護人も付かず証人尋問もないOGPUの非公開法廷で五年の自由剥奪刑を宣告された。銃殺されなかったのは、「スパイ容疑」には、あまりに実態がなかったからだと勝野自身は考えたが、現実には紙一重だった。勝野の窮状は、片山がたとえモスクワを離れていようと、その耳に届いていたはずだ。しかし、助けようと動いた形跡はない。

「ソヴィエト国民には三種類ある。今働いている者と、強制労働で監獄にいる者、そしてそこから出た者の三種類」。あるソ連作家のブラックジョークを勝野は戦後もずっと忘れなかった。最初に送り込まれたのは東シベリアのマリンスキー集中ラーゲリだった。モスクワから三〇〇〇キロ以上離れたイルクーツクとノヴォシビルスクの中間辺りだ。農業もやらされれば道路工事もやらされる。勝野は栄養失調で働けなくなったが、病舎に働く囚人仲間の医師が同情してくれ、バターなどを回してくれたおかげで命を繋いだ。

ラーゲリの苦界で勝野が呻吟《しんぎん》していた頃、「在ベルリン日本人反帝グループ」のリーダーで医学者の国崎定洞がモップル（国際赤色救援会）の援助を受け、ドイツ人妻と子を連れてソ連に亡命してきた。ベルリン警視庁から国外退去処分を受けたためだ。まだ自由の身だった当時の勝野は、国崎が片山に頻繁に文書や資料を届けていたのを知っていた。日本や海

野坂参三

外の新しい動きを知るのに、片山はウラジオストク、ハワイ、そしてベルリンの三ルートを持っていたが、最も信頼を置いていたのは国崎のベルリン情報だった。国崎はその頃すでに生活の糧だった文部省からの送金を断たれていた。そうした国崎の懐事情を、片山はしきりに心配していたという。モスクワに移った国崎は、ラーゲリ送りとなった勝野に代わり、片山の私設秘書役を担うことになるが、その片山はまもなく没する。葬儀は盛大でソ連共産党書記長スターリン自ら棺に付き添った。革命の功労者である証しに、クレムリンの壁墓所に眠る栄誉にも浴した。国崎は片山という大きな後ろ盾を失い、やがて逮捕される。片山に引き寄せられた勝野、根本、国崎、三人の逮捕はいずれもスパイ容疑で、いまではすべて山懸の密告によるものと判明している（加藤『モスクワで粛清された日本人』）。

　片山の没後、山懸はソ連在住日本人共産主義者のトップに立つが、片山に次ぐインテリ党員として野坂参三《さんぞう》（のち日共名誉議長）が台頭し軋轢を生む。山懸は野坂の妻、龍《りょう》を密告して一時逮捕させたが、野坂は逆に山懸を当局に売ることで逮捕、銃殺に追い込んだ（小林峻一、加藤昭『闇の男　野坂参三の百年』）。自分への疑惑を晴らす手段として自分が密告者になり誰かを売る……。遠い日本で治安維持法の下、追い詰められていた日共の人々が、絶対的な庇護者として頼り、パラダイスだと夢みた「革命の祖国」は、浅ましい獣の共食いを思わせる密告地獄になっていた。

二、生きてラーゲリを出る

東シベリアのラーゲリに一〇〇日ほど置かれただけで、勝野は再びすし詰めの囚人列車に乗せられた。汽車はゆっくり西進する。ウラル山脈を越え、レニングラードを通過し、約一ヶ月かけてたどり着いたのは、白海・バルト海運河建設の重大使命を負わされた巨大ラーゲリだった。以下、勝野が戦後著した体験記『凍土地帯』や月刊誌のインタビュー「ラーゲル《ママ》を逃れて」などをもとにたどる。

なにしろ、パナマ運河、スエズ運河に匹敵する大工事であり、難工事だ。それでもスターリンがその建設を世界に宣言した以上、決められた工期で完成させなければならない。現場の労働は過酷で、体力が劣るものは二、三日やれば疲労で立ち上がれなくなる。勝野の体力も限界だった。たまたまモーターを扱える者の募集があったので、すがる思いで応募すると採用され、コンクリート・ミキサーのモーター操手に就いた。土砂運びより格段に楽にはなったが、まもなく誤って機械に手を挟まれ大怪我を負う。彼の手術を担当したのは外科と内科の二人の部長格の医師。共にスパイ罪に問われた囚人だが、彼らの厚意で勝野は医療行為全般の手ほどきを受け、試験をパスして助医の資格を得た。

病舎勤務は、土木工事の現場から見れば天国といえた。それでもラーゲリはラーゲリ、全体の雰囲気は陰惨で、囚人が死んでも証明書一枚の発行ですべてが終わる。独身だった勝野は、貴族の血筋を引くという女囚と親しくなった。捕まるまではクレムリンのなかの床屋で働いていた。あるとき、彼女から一緒に逃げてほしいと懇願される。ラーゲリの西二〇キロのところにフィンランド北部の国境があった。おりから雪の季節にはまだ早い。脱走には願ってもない好条件だ。「自由か、死か」と問う声が聞こえた。勝野が憧れたフランス革命の有名なスローガンだ。丸一日、死に物狂いで走り通し自由を手に入れるか、それとも残ってラーゲリの粥をすすり続けるか、深く悩んだ。だが、現実に立ち返ると、そこには、OGPUの国境警備隊が放つシェパードが獲物を待ち構えている。どうしても踏み切れなかった。このときの躊躇が良い方向に転がる。

一九三四年六月、勝野に突然、釈放が言い渡される。五年の刑期が三年半に短縮された。

白海・バルト海ラーゲリは、「人民の敵」として自由剥奪刑に処された人々の「再教育の場」が建前だ。模範囚でノルマ以上に働いた者は恩赦に浴せる。それが適用されたのだ。まさに僥倖というしかない。モスクワ市内には居住しないと誓約すれば、旅費として幾ばくかの金を受け取れる。どこに住むつもりかと訊かれ、モスクワ郊外五五キロのツーラと答えた。そこには文豪トルストイの墓があった。ただ、刑期短縮とはいっても冤罪でラーゲリ送りになったのは事実だ。いわれのない汚名には我慢できない。再審で名誉を回復したかった。それだけではない。どうして無実の罪を着せられたのか、誰が自分をはめたのか、当局の正式見解を聞かずには死ねないと思った。まだソ連の正義を信じていた勝野は、禁を破って密かにモスクワで下車する。コミンテルンはじめ知る限りの党ルートをたどり、あれこれ聞いて回ったが、片山はすでに亡く、モップル（国際赤色救援会）の幹部をはじめ親しかった有力者たちは皆その座を譲り、誰も取り合ってくれない。やむなく、ラーゲリで申告した通り、囚人仲間の伝手を頼ってツーラに赴いた。

ツーラの集団農場（コルホーズ）は食糧難が深刻で、勝野は衝撃を受ける。村人は菜種油の搾り滓まで口にする有様だった。もっといえば、ラーゲリ以下の暮らしだ。しかも村民の困窮は日を追ってひどくなる……。勝野はソ連の市民権を失っていなかった。ラーゲリで取得した助医の資格は貴重で、それをうまく生かせば、どうにか食べてはいけそうに思えた。ただ、それで一生を終えると思うとやり切れない。ソ連という国の理想も、それを仰ぎ見ていた自分自身も、すべてが虚しく思え、日本大使館に飛び込む決意を固めた。

モスクワにとって返したのはいいが、考えてみれば大使館の正確な場所さえ知らない。かつて日本人らしき子供が遊んでいた光景をなんとか思い出し、おおよそのあたりをつけた。それらしい建物の玄関を思い切ってくぐると、そこは大使館ではなく、日本大使公邸だった。五分もたたないうちに、外から密かに見張っていたＯＧＰＵの要員が公邸を取り巻く。たまたまそこに日本大使館の職員がやってきて勝野を車に乗り込ませ、大使館まで送ってくれたので窮地を脱した。まるでサスペンス映画の一場面だ。

勝野の保護に関して、太田為吉大使は消極的だったが、酒匂《さかわ》秀一参事官（のちモスクワ臨時代理大使）が、「『窮鳥《きゅうちょう》懐《ふところ》に入れば』」の古語もある。俺が責任をもって助ける」と、心強い言葉を掛けてくれた。「日本大使館は反ソ活動の拠点」と信じ込むＯＧＰＵは、当然勝野の再逮捕を狙う。本人は地下室に蟄居し、スタッフに採用されていたＯＧＰＵの潜入工員たちが繰り出す甘言には背を向けた。わずかの隙も見せないようにして耐えた。

勝野の帰国に向けた日ソの外交調整は一筋縄ではいかなかった。外務省外交史料館に残る資料、「在ソ連・邦人主義者状況」によれば、交渉は参事官の酒匂と外務人民委員代理との間で行われた。当初は勝野がソ連の市民権保持者であることが問題にされたが、ソ連にとって好ましくない人物を国外に放逐するという妥協案が浮上した。ソ連が出国査証を与え、それに対して日本大使館が身元証明書を発給する。たしかに簡便な道だ。それでまとまりかけていたところ、本省から横槍が入った。「道中の安全に遺漏がないよう期すべし」。つまり石橋を叩いて渡れとの訓令だ。酒匂は方針を転換し、再交渉を求めた。大使館は勝野に日本の正式旅券を与えるので、ソ連側はOGPUを統括する内務人民委員ヤゴーダの署名入り出国許可証を発給して欲しいと頼み込み、なんとか認められた。それだけではない。鉄道の乗車券は、旅の途上で難癖をつけられない用心に、外務人民委員部経由で購入するという念の入れようだった。

ひたすら自重すること約一ヶ月、結果的に勝野は、三四年七月一五日にモスクワを発つのだが、大使館にしてみれば、そこまでやっても帰路であるシベリア横断は単独行だから不安が拭えない。敵陣真っただ中を駆け抜ける二週間が果たして無事に済むか。実際、勝野にやや先駆けてモスクワから単身シベリア鉄道で東を目指した日本人青年が不審な死を遂げる事案が報告されていた。酒匂は大使館員を同行させるとまで言ってくれたが、勝野にも意地

勝野と同道した鈴木文治

がある。きっぱり断った。一計を案じた酒匂は、偶然、ジュネーブ国際労働会議の帰途にあった非日共系の大物労働運動家、鈴木文治《ぶんじ》（のち社会大衆党代議士）に道連れを頼み込んだ（加藤前掲書）。勝野の身の安全にとって重要なポイントだが、彼は何冊もある回顧本でこの件には一言も触れていない。鈴木への配慮と思われる。

シベリア鉄道が中東鉄道と接続する満ソ国境の満洲里《まんしゅうり》駅には、同地領事の田中文一郎が待ち受けていた。田中に出会って初めて、勝野は助かったと実感する。田中は島崎藤村の縁者で、勝野の母から息子の行方を捜してほしいと依頼され手を尽くしていた。

満洲北部の中心都市ハルビンの駅に着き、初めて取材の洗礼を浴びたとき、勝野はたしかに鈴木に伴われていた（東京朝日新聞三四年八月一日付）。ハルビンで関東軍の特務機関員から事情を訊かれた。特高刑事が汽車に同乗してきて東京まで監視下に置かれた。新橋で下車させられ、治安維持法違反で連行されたのは築地の水上警察だった。「勝野君というのは共産党のすごい顔をした闘士かと思ったら坊やみたいだな」。特高の竹中外事課長が初対面時に漏らした言葉だ。水上警察の独房は清潔で、待遇も良かったと勝野は振り返るが、同じ築地の築地警察ではその前年、作家の小林多喜二が拷問死している。天皇制に反対し、国体の変革を目指す組織にいたことが立証されれば、それがどの国の党であれ起訴もあり得た。勾留は約四ヶ月。ソ連の体制に失望していたのは事実だから、黙秘はあり得ない。思想検事の問いに答え、片山潜の孤独な老境に触れたところ、新聞におそらくは意図的にリークされ、送検後の続報として記事にされた。ただ、平野義太郎、国崎定洞、山本懸蔵らのことは一切しゃべらなかったという。逆に、スターリンの国家統治については、問われるまでもなく、具体的な例を挙げて強烈に批判し全否定したろう。取調官は、初めて耳にするラーゲリ内部の生々しい実態に驚愕したに違いない。

多少の躊躇はあったにしろ、検察当局は転向者と見なした。勝野は起訴猶予処分になった。いたって寛大な処分の背景には、特高警察の大元締めで、勝野とは同郷の内務省警保局長・唐沢俊樹による助力があったとの指摘がある。

三、会津魂と「武装共産党」

コミンテルン日本支部として一九二二年に誕生したとされる日本共産党（日共）は、結成の日付を巡って今も論議があるようだが、間違いなく日本の政党として最も古い歴史を刻んできた。この党史に関して、ノンフィクション作家の立花隆が面白いことを言っている。

「……党の正史は、現執行部の歴史における正統性を証明するための神話的装置としてある。ちょうど大和朝廷が天皇家の国家支配を歴史的に根拠づけるために『古事記』の神話を作り上げようとしたように、宮本は宮本党史を作りあげ、これを神聖なアンタッチャブルなものにしたのである」(『日本共産党の研究 下』)。


ここでいう「宮本」とは、当該本の出版当時、野坂参三を党中央委員会議長にまつり上げ、実質的に党の全権を掌握していた幹部会委員長・宮本顕治を指す。

「恋の逃避行」で雪の樺太国境を女優の岡田嘉子と越えた演出家の杉本良吉は、越境直後にスパイ容疑で逮捕され、NKVDの手で銃殺されたが、実は「コミンテルンとの連絡を回復せよ」との日共党指令を帯びていた。その指令を与えた人物こそ他ならぬ宮本だった。党の文化運動部門の有力者だったからだ。ただし杉本は、党の公務であれば当然携えるべきマンダート(信任状)を、誰からも与えられていなかった。マンダートがあれば、スパイでないという抗弁も説得力を持ったはずだ。宮本は一九七二年発表の党の正史に杉本らの件を初めて記載したが、この亡命事件当時に自分が未決で収監中だったことを理由に、ある種の他人事として憐れんでいる。研究者の加藤哲郎は、宮本から杉本への訪ソ指令は少なくとも二度あり、しかも一度は獄中からあったと見る（『モスクワで粛清された日本人』）。宮本は杉本の死を、「不幸な犠牲」として遣り過ごすつもりでいたようだ。本来が政治学者の加藤は、「政治家の結果責任」という切り口で宮本の不実を断罪している。宮本は同様に、戦後のソ連党との付き合いから、野坂が山縣を密告して死に追いやった事実をうすうす気づきながら、党史を訂正しようとはしなかった。

宮本顕治

立花が大著で描き出した通り、神話ではない日共の歴史は複雑極まりない。弾圧で党指導部の消滅と再建が繰り返されたからだ。非合法時代に限って概観しても、「第一次共産党（堺利彦、山川均）」、「第二次共産党（渡辺政之輔、福本和夫）」、「武装共産党（田中清玄）」、「非常時共産党（風間丈吉）」、「リンチ共産党（袴田里見、宮本顕治）」など、目まぐるしく変転を繰り返している。逃亡に疲れ、あるいは思うように拡大しない党勢に業を煮やし、一度は命がけで献身した党を去る者が相次いだ。獄中で思索を深め、社会変革に別な道を見出す転向者も少なくなかった。

田中清玄も転向者の一人だ。函館近郊で旧会津藩家老の娘を母として生まれ、東京帝大の左翼サークル「新人会」の繋がりから入党。二三歳で壊滅しかけていた党再建を任され、コミンテルンとの連絡に上海へ渡航するなど奔走した。

日共という組織は常に権力側のスパイによって攪乱されてきた。「非常時共産党」などは、有名なスパイMこと「松村」の密告で党中央が一網打尽になっている。同志といえども簡単には信用できない。党を率いていた頃の清玄は、逮捕されながら眼病を理由にあっけなく仮釈放された野坂参三を怪しんだ。人を介して探ると、野坂は事実上、本物の転向状態だという。そうであれば、いっそモスクワに連絡員として送り込んでしまえ、ということで、神戸で静養中の野坂をけしかけて出国させた。本人は喜びを隠さなかった（『田中清玄自伝』）。ただし、野坂はスパイMの肝いりで入ソしたという異論もある（小林ほか前掲書）。

清玄自身は、三〇年夏に和歌山で警官隊と激しい銃撃戦を展開し、東京に潜伏中のところを逮捕された。「官憲殺傷五〇数件」というから、本人も死刑にならなかったのが不思議なくらい、と述懐している。たしかにそうだが、日本国内で治安維持法違反に問われ死刑になった者は、意外なことに一人もいない。リヒャルト・ゾルゲらの処刑は国防保安法等によ
る。

無期懲役刑を受け服役した清玄だったが、二度の恩赦を受け、四一年四月に仮釈放された。この間、獄中で転向。出獄後は、静岡の臨済宗僧侶・山本玄峰《げんぽう》のもとで、一介の雲水扱いのまま修行生活を送る。同寺には山本の人徳を慕って政界の大物が何人も出入りしていた。彼らと交わるうち、秘密裡の終戦工作の一端に関与するようになる。そうした清玄の活動に宮内省が注目していた結果か、終戦の年の暮れ、昭和天皇に非公式な拝謁を許された。このとき、天皇に下問されるまま、「スターリンは共産主義でもなんでもありません。彼の本質は強権主義です」（田中前掲書）と言上した。天皇謁見の体験を清玄は口外しなかった。それでも、戦後日本の空気は彼を放っておかなかった。上海ルートで入るソ連のスパイ情報も、ＧＨＱ高官との会話も肥やしになった。一般には右翼のボスに思われたが、婦人運動家の市川房枝とも繋がったし、六〇年安保闘争に絡んでは、同郷の唐牛《かろうじ》健太郎率いる全学連（反日共系）にポケットマネーをカンパして、世間を驚かせた。外遊を通して、東南アジア、中東、ヨーロッパにこつこつ人脈を広げた。昔話ができる相手として、鄧小平との面談は通算六度を数え、首相となった田中角栄の訪欧に民間アドバイザーとして同行する頃には、「東京

田中清玄

タイガー」と異名をとる国際フィクサーとして認知されていた。自由主義の経済学者フリードリヒ・ハイエクとの親交も知られており、彼のノーベル賞授賞式で、名誉あるパートナー役を務めたのは清玄の人生のハイライトだろう。悲願は日本独自の石油調達ルートを確保することだったが、道半ばで倒れた。ちなみに早稲田大第一七代総長、田中愛治は清玄の次男だ。

「翌年に東京五輪を控えた一九六三年一一月九日の夕方、丸の内の東京會舘前は、送迎の車で混雑していた。……午後六時を過ぎた頃、一分の隙もない正装の男が會舘から玄関に出ると、迎えの車を待っていた。知人と談笑していた、その時、約一メートル離れた所で突然、『田中！』という叫び声が上がる。ふり向くと、両手で拳銃を握り締めた若い男が立っていた」（徳本栄一郎「東京電力と右翼の黒幕『田中清玄』」）。狙われたのは清玄だ。一発目を腹に受けたが、東京帝大空手部で鳴らした清玄は怯まず向かっていき、相手の銃口を肘に押し付けて首を絞めようとしてまた撃たれた。計三発の被弾で左腎臓摘出。一時は意識不明の重体に陥った。犯人は児玉誉士夫《こだまよしお》配下の暴力団・東声会《とうせいかい》組員だった。

「……あれは高谷［覚蔵］の出版記念パーティに出て帰るところだった」。晩年の清玄は東京會舘の出来事をそう振り返る。「高谷と私はいろいろ因縁がありましてね……」。高谷覚蔵について清玄は何を語ったか。リュシコフ本人から極東赴任時の荒っぽい「仕事始め」について聞かされた、あの高谷だ。

四、〝東京タイガー〟が語るOMSの男

高谷覚蔵

高谷覚蔵は一八九九年、滋賀の大津で代々続く銘酒「玉穂」の蔵元に生まれた。勝野やリュシコフとほぼ同世代。姪にあたる朝子が、宮内省掌典職《しょうてんしょく》を勤め上げていることから、高谷家の家格がしのばれる。長男として家業を継ぐべく大阪高等工業学校醸造科（現・大阪大工学部）で学んだが、卒業後の一九二二年にアメリカへ渡り、コロンビア大進学を目指す。ニューヨークで友人の影響からアメリカ共産党に入党。片山潜と繋がりができ、誘われてソ連行きを決めた。モスクワ到着が二三年秋というから、勝野より五年早い。アジア系青年を対象にしたクートヴェ（東方勤労者共産大）に入学し、レーニン死去に伴う首都の緊張を実体験した。クートヴェ卒業後に、アメリカに戻るつもりが、極東での任務を与えら

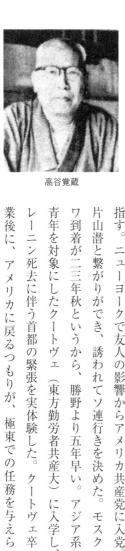

れ、以降、モスクワと極東を頻繁に往復する生活が続く。日共再建の指令を受けて密かに帰国したが、三五年に逮捕され、獄中転向して参謀本部嘱託となった。終戦は関東軍の嘱託として満洲で迎え、戦後は反共の立場をとる国際問題評論家として旺盛な言論活動を展開した。「人に頭を下げたことのない、傲岸不遜を絵に描いたような男だった」(田中前掲書)。

清玄が語る高谷との出会いは函館湾に浮かぶ船のなかだった。まだ旧制弘前高生だった清玄は、学生運動のエネルギッシュな活動家として売り出し中だった。函館ドック労組委員長に誘われ夜釣りに出たところ、ソ連船が横付けしてきて乗り移れという。船長室に案内されると、そこに、「スラリと背が高くてロシア人と間違えそうな男がいる。こいつが高谷だった。……俺と一緒にこれからソ連に行かんか。一緒に行って俺の仕事を手伝ってくれ」と言われた。「オムス(OMS)にいたリュシコフの指令で、田中を口説いて連れてこいと、そういうことだったんだ」。高谷ものちの著書で、ソ連で活動していた当時、当局の目を気にしながら函館に入港した経験があると認めている。ソ連船が船舶修理を理由に函館に寄港することと自体は珍しくなかったようだ。

オムス(OMS)というのは、コミンテルン執行委員会国際連絡部の略称で、コミンテルンのなかでも対外的な汚れ仕事をもっぱら担当し、秘密工作や外国の党への資金供給、旅券や査証の偽造、不法越境の支援などを行うフロント組織として二一年に創設された。トロツキーは「コミンテルンの心臓部」と意味深長に呼んでいるが、その正体や人事は厳重に秘匿されていた。任務内容からもわかるように、ＯＭＳの活動は基本的にチェーカーを原点とするソ連秘密警察の協力なしにはありえず、実際、秘密警察の陰の仕事と重なる。高谷が極東で命じられた任務は、まさにＯＭＳとしての動きだ。しかし、清玄の年譜からたどると、高谷との初接触時期は二六年前後。その頃リュシコフはウクライナのＯＧＰＵ（チェーカー）にいた。また、清玄は高谷のソ連極東での立ち位置について、コミンテルン極東部員など、多岐にわたり責任ある地位にあったとし、ＯＭＳを通じてリュシコフと主従関係があったかのように回顧するが、リュシコフの極東赴任は三七年だから、二〇年代に極東のＯＭＳを媒介にした二人の結びつきは考えられない。

研究者の石突《いしづき》美香は、推測の域を出ないとことわったうえで、もし、二〇年代のうちに高谷がＯＭＳを通じてリュシコフと通じていたとすれば、リュシコフが亡命先に日本を選んだ理由も、必ずしも「単に地理的な問題」だけではなかった可能性がある、としている（「亡命者リュシコフ――その人物像と１９３０年代ソ連の内幕――」）。リュシコフは一九二〇年にウクライナのチェーカー入りし、三一年夏、スターリン側近のカガノヴィッチのひきで、ウクライナからモスクワのＯＧＰＵ本部に栄転している。海外での活動歴としては、ドイツに潜入して航空機産業ユンカースの工場から企業秘密を盗み出し、スターリンに賞賛された。この任務はモスクワ転任の前年だったらしい。つまり、籍をウクライナのチェーカーに置きながら、海外で諜報活動に手を染めていたとなれば、すでにＯＭＳの役割を兼務していたと見ていい。

一方の高谷は、ウクライナで農民弾圧に関わり人を殺傷した経験がある、と参謀本部時代の仲間に漏らしていた。それが事実なら、ウクライナ在勤当時のリュシコフと高谷の間に、ＯＭＳを介した接触があってもおかしくはない。つまり、石突の推測が必ずしも荒唐無稽とは言い切れない。残念ながら、当事者の高谷は、リュシコフの打ち明け話やソ連での活動に関して小出しに語ることはあっても、個人的繋がりについては、まったくと言っていいほど口をつぐんだ。石突の仮説は仮説として、リュシコフがモスクワ本部で多様な職務をこなすなかでＯＭＳにも関係し、極東とモスクワを行き来する高谷を知った、と考えたほうが自然に思える。そうであれば、二人が接触する機会は三一年夏以降で、高谷がソ連を出国する三四年春以前に絞られる。

高谷に対する帰国指令は三三年のうちにコミンテルンから出された。ただ、日本に戻って重大な任務を遂行するためには、暗号の知識が絶対に必要とも言われたため、しばらく帰国を遅らせ、その学習に時間を費やすことになった。ささやかな送別の宴にはコミンテルンにいた野坂参三も顔を見せた。出国にあたっては内心、「二度とソ連の土を踏むまい」と固く思ったというから、そこにはソ連の国情への失望が明らかだ（高谷『レーニン・スターリン・マレンコフ』）。為政者に対しては絶対的忠臣を装いながら、内心ではとっくに冷めていた点で、高谷とリュシコフはよく似ている。彼の帰国経路に関しては謎が多い。ヨーロッパ経由のソ連出国が三四年、日本到着が三五年だったとすれば、第三国で潜伏の日々があったのだろうか。そうではなく、カムチャツカの漁師に紛れて函館港に入ったとの説もある。国内でしばらくは捕まらずにいたが、本来アメリカ共産党員だった彼が、果たしてコミンテルンから託された日共の再建を本気でやろうとしていたのかどうか……。やがて兵庫県の宝塚で逮捕され、東京・上野警察署で調べを受けた。少なくとも一年以上は勾留されている。特高に連れてこられた母親から泣き落とされて、署内で転向した（日ロ歴史を記録する会編『日露オーラルストーリー　記憶のなかの日露関係』）。七二年の連合赤軍あさま山荘事件でも、警察は武装して立て籠もる犯人の母親に投降を呼びかけさせている。会津の武家気質を受け継ぐ清玄の母親にいたっては、自死という究極の手段で息子を諫めた。当局による拷問と失神を一〇数日間繰り返しながら、一切口を割らなかった清玄だったが、これにはさすがに目を瞑ることはできず、硬直した思い込みを氷解させる引き金になった、とのちに認めている（立花前掲書）。そんな清玄に傲岸不遜と評された高谷にしても、母の涙には弱かったわけだ。

余談になるが、七〇年の安保改定を巡って全国の大学で学生運動が燃え上がっていた頃、ロシア革命の研究からリュシコフに興味を持ち、木曽に住む勝野のもとまで話を聞きに来た京都大の学生がいた。彼の来訪は勝野家族の記憶にも残っている。この学生によれば、六八年、京大・原理研究会（旧統一教会の学生サークル）が高谷を招いて反共講演会を催した。高谷が会場の法経第一教室から出て来たところにこの学生が近づき、「リュシコフ大将のことで……」と切り出すと、「それは……」とだけ発して絶句し、振り払うようにして数人の若者に護られて去って行った。その様子は、問えばいくらでも語ってくれた勝野とは対照的だった。若き日の清玄の目に、「スラリと背が高くてロシア人と間違えそうな男」と映った高谷は、この学生の印象では、「やや猫背の小さな老人だった」。

五、ウクライナのリュシコフ

「ウクライナ」という名が日本でよく知られるようになったのは、ソ連領だった一九八九年のチェルノブイリ（チョルノービリ）原発事故からだという説がある。まさか、という気もするし、いや、案外そうかもしれないとも思える。ロシアがこの軽武装の独立国家に理不尽な侵略戦争を仕掛け、多くの日本人が他人事ではないと感じるまで、極東の島国から見るウクライナの印象はとにかく淡かった。

リュシコフは一九〇〇年、ウクライナの黒海に面した港湾都市オデーサで仕立て職人の子に生まれた。一家のルーツは不明だがユダヤ人だ。妻もユダヤ人を迎えた。国民固有の民族偏見は婚姻関係に最もよく表れる。ロシア社会ではソ連と国名は変わったあとも、ユダヤ人を〝イブライ〟と呼んで排斥する伝統的な感情が完全には消えなかった（勝野、伊藤隆「国際共産主義の巨星たち―片山潜とともに」）。だからユダヤ人同士の結婚は無理がなかった。二〇世紀初頭、ロシア帝国は世界で最も多くのユダヤ系住民を抱えていた。三度にわたる隣国ポーランドの分割でロシアの領土は西に広がり、その結果、支配下に置くユダヤ人も激増したからだ。彼らはバルト海と黒海を結ぶラインに沿った一五の県に定住させられた。オデーサが編入されていた旧ヘルソン県もそのうちのひとつだ。

オデーサ

定住の強制といっても、実際には多くの例外があり、ロシア帝国のユダヤ人政策は元来、比較的穏やかなものだった。ところが、一九世紀後半になると、ユダヤ人に対する大規模な集団的迫害（ポグロム）が同時多発的に発生した。これを契機に国内の雰囲気は一変し、ユダヤ人には差別的規制が課せられた。その反動でユダヤ人社会から、社会主義思想に目覚める者やシオニズム運動の先駆となる者が相次ぐ。ユダヤ系住民には、ごくわずかだが貴族や名誉市民の称号を持つ者がいた。それでも圧倒的多数は、小商売と手工業を生業にしていた。そうした職人社会にあって、「……仕立屋や靴職人は、ユダヤ人内部では学問のない『下等な職業』と見なされることが多かった」（高尾千津子『ロシアとユダヤ人』）。ポグロムが起きた頃のウクライナの農村を舞台に、貧しいユダヤ人の牛乳屋一家の泣き笑いを描いたミュージカル「屋根の上のバイオリン弾き」では、仕立屋との結婚を望む長女に父親は許しを出さない。

少年期のリュシコフは、ロシア人でもウクライナ人でもないユダヤ人の子として自分を認識し、長ずるにしたがって、ユダヤ系社会でも下層とされる職人の子という自覚を持ったはずだ。ヘデルと呼ばれる宗教小学校を出て、店員をしながら夜学で学んだ。熱烈なボリシェヴィキ党員の兄に影響され、一九一七年の革命の年、オデッサ・ソヴィエトの隊列に連なった。虐げられた者こそが革命の主役だという理念の下で、初めて出自の負い目から解き放たれたのだろう。実際、同じ年のソヴィエト大会で選出された全ロシア中央執行委員会メンバー六二人の出自をみると、ユダヤ人は二三人を占めて二〇人のロシア人を上回り各民族中最多だった（高尾前掲書）。

当時のウクライナが置かれていた状況をひとことで説明するのは難しい。明らかなのは、ヨーロッパ全体が第一次大戦の渦に巻き込まれ激動しており、ウクライナも例外ではなかったことだ。過去に様々な形で自治を模索した歴史はあったが、国家としての統一が叶わなかったウクライナにとって、ヨーロッパの戦乱はある種の曙光《しょこう》となった。レーニンの政府は、帝政以来守ってきた英仏日など連合国間の誓約を破る形でドイツとの単独講和を急いだ。

トロツキー

その頃ウクライナでは、社会民主派や自由主義派の結集軸「ウクライナ中央会議（中央ラーダ）」が力をつけていた。この組織が主体となって独墺と独自に交渉した結果、レーニン政府を出し抜いて、いち早くブレスト＝リトフスク講和条約の締結に成功する。それだけでなく、中央ラーダ軍と独墺軍が共に反ボリシェヴィキ戦線を張ることまで約束させた。

寝耳に水のトロツキーらレーニン政府交渉団は手詰まりになり、折衝をうち切って帰国した。この事実は、有力な近隣国から中央ラーダ政府（ウクライナ国民共和国）が統一ウクライナの合法政権として認められたことを示す。

第一次大戦が終結すると、ハンガリー、チェコスロバキア、ユーゴスラヴィアが独立し、バルト三国、ポーランド、フィンランドも大国の支配から逃れ、自立の道を歩んだ。ウクライナにしても、独立を勝ち取って何の不思議はなかったが、飢えたモスクワはヨーロッパ最大の穀倉地帯を抱えるウクライナを手放そうとしなかった。大戦後の秩序を決めるパリ講和会議に出席したチャーチルは、ボリシェヴィキを「人類の敵」、ソヴィエト国家を「文明破壊をめざす世界的陰謀」と名指ししたが（エンツォ・トラヴェルソ『ヨーロッパの内戦』）、ウクライナは結局、世界大戦、ロシア革命、パリ講和会議、ロシア内戦というヨーロッパ流動化の果実をまったく手にできないまま、モスクワ政府の版図に再び封じ込められた。連邦内での地位は四四年になるとやや高まる。第二次大戦終結に伴う第一回国連総会に創立メンバーとして参加し、白ロシア（現ベラルーシ）と共にモスクワ政府とは別に一票を投じる権利を得た。ただし、それだけだった。

一九年のはじめ、リュシコフは赤軍に入隊し、クリミア連隊付の政治委員に抜擢された。政治委員というのは、党が軍内部に埋め込んだ目付け役で、この場合、連隊長は若造リュシコフの同意なしには作戦命令を出せない。連隊付もつかの間、同年四月には、党からウクライナ国民共和国・中央政治訓練学校への入学を命じられる。同校は統一ウクライナ政府の名こそ冠しているものの、実際には政治信条を異にする各派の草刈り場で、リュシコフは少数派だったボリシェヴィキの先兵として送り込まれたようだ。入学時には、レーニン政府と隣国ポーランドの戦争がすでに始まっていた。モスクワの狙いは革命の輸出だ。わずか半年の在籍で同校を去ったリュシコフは、赤軍第一四師団第一独立狙撃旅団で政治委員の補佐役を命じられ、ポーランド軍や白軍のデニーキン将軍麾下《きか》の部隊と対峙した。そして弱冠二〇歳で旅団の政治委員に昇格し、レーニン勲章と赤旗勲章二個を授与されている（クックス前掲書）。

若きリュシコフの前に立ちはだかった敵のうち、白軍のデニーキンは帝政ロシアからのエリート軍人だった。ケレンスキーらが率いた二月革命臨時政府のもとでも政権に忠誠を誓っていたが、同政府内からボリシェヴィキなど左派勢力を排除しようとして兵を挙げたコルニーロフ将軍の反乱に加わり、逮捕、脱走を経験した。以来、ボリシェヴィキ政権を認めず、帝政以来の国土の一体性を重んじる白軍の雄として、ロシアのドン地方やウクライナで善戦し、一時はモスクワに迫る勢いをみせた。一九年の夏から秋にかけてキーウやオデーサを支配下に置いている。

ウクライナの内戦に関して、もうひとり触れねばならない人物がいる。農民アナキズム運動の指導者ネストル・マフノだ。ザポリージャ州の貧農出身。この州名は二〇二二年のロシア軍による侵攻でヨーロッパ最大の原発が占拠され、放射能汚染の危機が叫ばれたことから世界的に知られるようになった。マフノの軍は当初、十月革命の理念に共鳴し、ボリシェヴィキと連帯してデニーキンの白軍と戦ったが、ボリシェヴィキの独裁色が露わになると反旗を翻した。赤でも白でもない緑の旗を挙げ、最盛期にはウクライナ南東部の大半を席巻した。大統領ゼレンスキーが生まれた鉄鋼の街クルィヴィーイ・リーフも「マフノフシチーナ」と呼ばれた解放区のなかに浮かんでいた。マフノの理念は、「すべての政党の停止」、「すべての独裁の排除」、「すべての国家の否定」、「すべての『過渡期』や『プロレタリア独裁』の否定」、「すべての労働者の評議会（ソヴィエト）による自己管理」という五大指針に言い尽くされている。

ウクライナの農民気質は、ロシアのドン地方やヴォルガ河沿岸と並んで、そこがコサック発祥の地であることを抜きにしては語れない。コサックとはトルコ・タタール語で「自由の戦士」を意味する。彼らは農村部にあって川での漁労や狩猟で生計をたて、略奪した戦利品を追加収入とする軍事共同体をつくってきた。一六世紀にポーランドの支配が強まると、それに反発したウクライナの一般農民はコサックに合流し、彼らの生活様式を受け入れていった（アレクサンドラ・グージョン『ウクライナ現代史』）。マフノの広域コミューンは、そうした反中央、自主独立の気風を受け継ぐ壮大な社会実験だったが、二一年までには赤軍によって壊滅させられてしまう。戦乱で人心が荒れると、生贄を求める動きがしばしば顕在化する。ユダヤ人に対する大規模な集団的迫害（ポグロム）が、内戦期のウクライナ各地で再燃し、一九年だけで七万五〇〇〇から一五万の人命が失われた。大杉栄が息子に「ネストル」と名付けるほど、世界のアナキストからしばしば理想の指導者として語られるマフノにしても、「人民委員やユダ公を絞め殺そう」と口走っていた（エンツォ・トラヴェルソ前掲書）。

リュシコフは二〇年六月からウクライナ・チェーカーの一員に加わり、ティラスポリで勤務を始めた。現在のティラスポリはソ連崩壊時に独立したモルドヴァ共和国の一部だが、「沿《えん》ドニエストル共和国」を僭称《せんしょう》するロシアの傀儡勢力に占拠されている。オデーサで経験を積んだ後、西ウクライナのフメリニツキーで管区の治安責任者となり、政治警察、秘密警察、諜報機関員の道を歩んだ。チェーカーの創設者でポーランド貴族出身のジェルジンスキーがまだ君臨していた頃だ。

その特殊な機関の敷居の高さをリュシコフ自身は次のように描いている。「一般党員はチェーカー機関内［建物内］に入ることさえ困難である。その内情を公言してはならないからである。何回チェーカーに行っても、その間私は滅多に一般の訪問者には会わなかった」（「第十八回共産党大会の批判」）。チェーカーに採用された若者は通常、歩哨から叩き上げ、スパイになり、ありとあらゆる事務をこなさねばならなかった、とリュシコフは言う。だが、入庁時にすでに複数の勲章を授けられていたとすれば、将来の組織を担う有望株として別枠扱いを受けたのではないか。

二〇年代のリュシコフ、つまり彼のウクライナ・チェーカー時代について、作家の西野辰吉は、新経済政策（ネップ）のもとで経済事犯の取り締まりもやれば、民族自治派の動きに目を光らせ、党機構の活動家まで監視するような任務をこなしていたと推測する。下級チェキストとしてのリュシコフは、赤軍の徴兵拒否者や脱走兵、穀物供出を拒んだ農民をその場で銃殺していた。多い時にはそれが日に四、五〇人に上った（高谷前掲書）。端的に言えばスターリンを頂点とする「党中央書記局の、この地方でもっとも忠実な手足」として働いた。その結果、農業集団化が強制される二九年には、ウクライナＯＧＰＵ（チェーカー）の次長に昇進していた。トップは、リュシコフがのちにハバロフスクで自ら逮捕し、粛清の獄に送り込んだあのバリツキーだ。当時のリュシコフは、モスクワの顔色さえ見ていれば間違いなかった。

革命後の党組織でどう泳げばよいかを熟知しており、国の体制を疑うことなどなかった。

六、農民弾圧の始動

ボリシェヴィキ政権にとっての一九二〇年代は、スターリンが独裁者への階段を昇っていく歳月だったといえる。革命のカリスマ先導者レーニンが病を得て次第に衰え、ついに没したのを受けて、共産党内の古参幹部たちの関係に変化が生じた。群雄割拠の状態から権謀術数に長けたスターリンがいち早く抜け出し、最大のライバル、トロツキーの権威を執拗に貶めて、ついに頂点へと登り詰める。レーニンが健在で、チェーカー創始者のジェルジンスキーが睨みを利かせていた頃まで、チェキストの主たる任務は社会秩序の維持であり、具体的な敵は「反革命」だった。二人がいなくなると、敵の列に「党内反対派」が加えられた。もっと踏み込んで言えば、「反スターリン」の動き一切を抹殺することがチェーカーの優先的ミッションになった。

二五年に軍事人民委員の座を追われたトロツキーは、二六年には政治局員の地位も剥奪された。同時にOGPUはトロツキー支持者（トロツキスト）のあぶり出しを急ぐ。全国各地でチェキストを動員し、リストアップされた者の摘発を進めた。二七年暮れに党を除名されたトロツキーは、公開の場での自己批判を拒否した罪で、二八年、中国に近いカザフスタンの僻地に流刑される。弾圧はそれだけでは済まない。二九年、トロツキーは妻と長男と共に、オデーサの港から国外に追放された。船がトルコのボスポラス海峡に入ったところで、一文無しだったトロツキーは、船の中までついてきたOGPUの将校から一五〇〇ドルを差し出され、黙って受け取るしかなかった（クリストファー・アンドルーほか『KGBの内幕 上』）。

第一次大戦と引き続く内戦で主要な戦場となったウクライナでは、様々な軍事勢力が進出して影響力を残した。モスクワからの自立がこれまでになく強く意識され、最終的な勝者であるボリシェヴィキの内部でさえ中央追随派と自主独立派の対立を抱え込んだ。帝政時代には、モスクワやペテルブルクなどがある大ロシアに対して、小ロシアと呼ばれることに甘んじていたウクライナ人の意識は、地域差があるものの、かつてとは明らかに違ってきた。ただ、マイノリティ出身のリュシコフは別だった。モスクワ中央への忠誠が揺らぐ気配はなかった。

リュシコフの結婚がいつだったのか、これも正確な記録がないが、妻のイーナは再婚だった。前夫はテストパイロット出身でウクライナのチェキスト、つまりリュシコフの同僚だった。イーナと前夫の間にはウクライナ北東部のハルキウで二七年に生まれた娘リュドミラがいた。リュシコフが日本亡命にあたって、ポーランドに逃がそうとした娘はイーナの連れ子だったことになる。ウクライナOGPUのナンバー2となった二九年にリュシコフはハルキウに赴任しているから、そこでイーナと出会ったのだろう。一方、イーナの別れた夫はそれから八年後に粛清されていた。

二七年のソ連の農村は全般に豊作に恵まれた。にもかかわらず、前年六八〇万トンあった農村から国への作物供出は四八〇万トンに激減していた。政府に対する農民全般の不信の表れだった。スターリンはただちにこれを「クラーク（富農）のストライキ」と断定した。そして地方に「社会主義の砦」としてコルホーズ（集団農場）、ソホーズ（国営農場）の創設が必要だと言い出した。市場原理を介在させずに生産と生産者を管理し、すべてのクラークを「階級として絶滅する」ためには、農業集団化が避けられないとの主張だ（ステファ

コルホーズの夢を語るプロパガンダポスター（1931年）

ヌ・クルトワほか『共産主義黒書〈ソ連篇〉』)。党書記長の意を受けて、二九年の暮れからはOGPUが農村に介入し、嫌がる農民との間で全面対決状態になった。三〇年三月の政府統計によると、全国の農村で六五〇〇件以上の大衆デモがあり、そのうち八〇〇件以上が武力で蹴散らされた。

ウクライナでも集団化への反抗は農民蜂起に発展した。「絶望に瀕した農民は家畜を屠り、家財を棄売りし、群をなして都会に、新建設にと逃避し始め、一九三〇年初頭に至ってはついに公然たる反抗さえ示すに至った」(リュシコフ「ソ連農業問題の批判」)。あるとき、蜂起の一報を受けたウクライナOGPU長官バリツキーは、国境警備第六騎兵連隊の二個中隊を率いて、特別列車で紛争地に赴いた。リュシコフもこれに同行した。指揮を執るバリツキーは、状況にどう対処すべきか決めあぐねていた。リュシコフは兵士ら十数人と共に戦闘態勢を整えている村に向かい、村民に心を開かせ不満を聞くことに成功。バリツキーが待つ汽車に戻って、平穏な解決が期待できると報告した。バリツキーは了承し、ハルキウ経由でその旨をモスクワに伝えたが、返って来たのは激怒したスターリンの電文だった。バリツキーからの報告は、「貧農がコルホーズへ殺到している」という党書記長の思い込みを覆してしまったからだ。バリツキーは動揺し、武装暴徒の容赦ない撲滅と大量逮捕を命じた、とリュシコフは綴っている。しかし、果たして本当に、いきり立った農民たちの村に平和的な対応をするようリュシコフが進言したのかどうか、また、バリッキーが上の顔色ばかりを見て、自らは判断できない無能な幹部だったかどうか、本当のところはわからない。ともあれ、工業化最優先の第一次五カ年計画が採用されたソ連社会は、以降、農民たちの苦境がますます深刻なものになっていった。

「労働者と農民の国」という理想を掲げながら、農民を搾り取る対象にしたボリシェヴィキ施政の矛盾が、豊かな穀倉地帯を抱えるウクライナの地に集中的に現れるのは、実は三〇年代が初めてではない。研究者の岡部芳彦は、日本にウクライナの飢餓を最初に伝えた報道として以下の外電を挙げている。

「人肉を貪り喰う饉民の群　今では官憲も見て見ぬ振り―飢ゑたる小露の此の頃―【ゼネヴァ［ジュネーブ］十七日ロイテル［ロイター］發】……小露［ウクライナ］のキエフ［キーフ］、カルコフ、オデッサ［オデーサ］は驚くべき悲惨な状態にあって是等の都市は何れも飢餓民を以て満たされている。饉民は鉄道停車場に雲集して居るが市の財政が空乏の為め、一塊の食物にもあり附けず餓死者は日々多数に上り而も死體の上に鼠や餓民の為め半ば喰ひとられたるものもある。オデッサ［オデーサ］とポルタワ［ポルタヴァ］間の家を棄てて放浪の旅に上り、若干の都市では既に住民の八割五分が居なくなった。人肉を喰う事は最早通常の事となり官憲も人肉を喰う者の処罰を中止した程である……（讀賣新聞二二年七月一九日付）。

これは旱魃《かんばつ》と過酷な農産物徴収の重なりから生じたロシア内戦期最終盤の報道だが、三〇年代の飢餓の深刻さは、規模からして内戦期のそれを大きく上回った。にもかかわらず、日本では新聞報道が見当たらない。飢餓の要因が二〇年代に比べて、より人為的、確信犯的であり、その分、情報統制がいっそう厳しくなされた結果だろう。

七、人為的飢餓（ホロドモール）

二〇二〇年、日本でも公開された映画「赤い闇　スターリンの冷たい大地で」（ポーランド、イギリス、ウクライナ合作）は、実在した英国人ジャーナリスト、ガレス・ジョーンズが目撃した一九三二‐三三年のウクライナの農村の惨状をリアルに再現して大きな波紋を呼んだ。首相を降りて一国会議員に戻っていたロイド・ジョージの外交スタッフに採用された若いジョーンズは、ヒトラーにインタビューするなどの経験からジャーナリズムに興味を抱き、フリーランスの記者として再出発する。資本主義世界が例外なく恐慌で苦しむのに、スターリンのソ連はなぜ「順調」なのか。その疑問を解くべく、ジョーンズはモスクワに向かうが、伝手と頼った外国人特派員たちはソ連当局に手なずけられ退廃していた。たった二日間の滞在しか許されなかったが、ひょんなことから謎を解くカギがウクライナの農村部にありそうだと悟ったジョーンズは、あとさきを考えず現地へ向かう。そこで見たものは、雪のなかに積まれた痩せこけた死体の山であり、寒さに震えながら物乞いする骨と皮だけの親子であり、農具ひとつない打ち棄てられた農家であり、極め付きは人肉食だった。周辺がかつて生産性の高い農業地帯であったことは、駅に隣接して大型倉庫が林立していることからも窺える。一国の農業政策が丸ごと激変でもしない限り、これほどの落差は生まれない。もしそんな荒業ができると

人工的飢餓によりキーフの路上で倒れ込む人々

したら党を牛耳る書記長だけだ。ジョーンズは自分がじかに接した悲惨極まる実態を、何があっても世界に向けて発信しようと固く誓う……。

ヒトラーのユダヤ人絶滅策をホロコーストと呼ぶのに対して、スターリンがウクライナなどの農村で人為的につくりだした飢餓をホロドモールという。ホロドモールは、ソ連最後の指導者ゴルバチョフのペレストロイカ政策のもと、初めて言われるようになった概念で、死者数は今後も変化する可能性があるが、研究者のステファヌ・クルトワらは「今日議論の余地のない資料から」、ホロコーストと同様に六〇〇万人以上が犠牲になったとする。三一年をみても、農作物の収穫量が近年最低だったのに、ウクライナの農村では全収穫量の四六パーセントが徴発され、その結果、三〇〇〇万人の農村周辺人口のうち四〇〇万人近くが餓死した（アレクサンドラ・グージョン前掲書）。しかし、スターリンは一連の発言を通して、クラーク（富農）から暴力的に穀物を取り上げる「非常措置」の発動だったと正当化した（横手慎二『スターリン』）。作況とまるでかけ離れた、過酷ともいえる高い徴発率は、都市部の労働者に十分な食料を供給するためというより、五カ年計画が求める急テンポの工業化に金銭的裏付けを与える目的で設定されていた。つまり、乾いた雑巾を絞るようにして窮乏する農家から引き剥がした農産物は、外貨獲得の目的で輸出に回されていた。明らかに国策によって作り出された飢餓だ。
現在のウクライナ国会は、こうしたホロドモールをジェノサイド（集団殺戮）と認定しており、同じ見地に立つよう各国に働きかけている。同国政府は「ホロドモール犠牲者追悼記念日」を一一月の第四土曜日に制定し、毎年国家行事を行っている。

ウクライナ大飢饉の余波がまだ続く当時、スパイ罪による自由剥奪刑でシベリアのマリンスキー・ラーゲリに送られていた勝野金政は、夜業に駆り出される際、ハルキウ近くの農家の出だという長身のウクライナ娘と知り合う。家の農地が集団農場に取り上げられ、その一員となるしかなくなった彼女は、ある日、深い考えもなくキャベツ一個を前掛けの下に隠して持ち帰ったところ叱責され、五年の強制労働を言い渡された。農村状況の急な暗転を知らない勝野は、話を聞いて開いた口が塞がらなかったが、彼女は割り切っているようにさえ見えた（勝野『凍土地帯』）。それもそのはず、ラーゲリには粗末ながらも口にできる食料があった。故郷の村にはそれもない。あるのは飢えだけだと悟っていたのだろう。三二年六月のハルキウ地域の餓死者は九〇〇〇人だったが、一年後には一〇万人に激増した。「飢餓地帯」と呼ばれた全ウクライナ、クバーニ、ドン、北カフカース地方などでは、約四〇〇〇万人が、死なないまでも深刻な食料不足に直面した（ステファヌ・クルトワほか前掲書）。

白海・バルト海運河の建設作業に従事する囚人たち

クラーク（富農）撲滅運動から人為的飢餓にかけての時代、ソ連全土で無理を承知の「国家経済の飛躍」を達成するため、農民は食糧徴発に苦しめられただけではなかった。生贄として強制収容所に送られ奴隷労働に駆り出された。勝野にとって二ヶ所目の収容先となったフィンランド国境に近いラーゲリは、すでに述べた通り、白海・バルト海運河の建設が使命だった。掘削予定地の大部分が固い花崗岩から成っており、それを主に鶴嘴《つるはし》、シャベル、手押し車といったピラミッド建設時のエジプトとさほど変わらない道具で掘っていく。二〇年以上ソ連のラーゲリをたらい回しにされながら、奇跡的に生き残った元コミンテルン職員のフランス人ジャック・ロッシによれば、白海・バルト海運河の工事には結局、二八万人の男女囚人が動員され、そのうち約一〇万人が死んだ（『ラーゲリ・強制収容所・註解事典』）。ここでも欠員を埋める予備軍の主力は農民だった。

農村の破滅的状況に絶望して流浪の民となり、都会に逃れてきた人々は、二八年末から三二年末の四年間で約一二〇〇万人に達した。都市で職にありつき、配給を受ける権利を手にする者が激増すると、今度は自治体の会計が成り立たなくなった。そこで政府は雇用先の企業に配給券を負担させることにしたが、それでは企業が持たない。国内旅券制度が考え出された。法的な居住証明がない者は容赦なく検挙される。大都市では一斉検挙が実施された。国内旅券をうっかり家に置き忘れて外出し捕まる者、季節労働者の旅券を示しても取り合ってもらえない者が相次いだ。都市からの追放だけで済む場合もあったが、辺地へ強制移住させられるケースも珍しくなかった。ウクライナ最大の都市キーウでは三三年七月中のわずか五日間で、国内旅券不携帯の四七五〇人が脱落分子の烙印を押され強制移住させられた（ステファヌ・クルトワほか前掲書）。

ナジェージダ

ウクライナなどで引き起こされた人為的飢餓と、スターリンの二度目の妻ナジェージダの死の関係にも触れておく必要があるだろう。ジャーナリストの斎藤勉によれば、三二年一一月、ナジェージダはクレムリン内の自宅寝室で血まみれで死んでいるのを家政婦に発見された。手に女性用の小型ピストルが握られていた。夫より二二歳年下の妻は、かつてレーニンの秘書を務めた自立心旺盛な女性だったが、政治的関心が高いとはいえなかった。夫の国家統治のあり方に疑念を抱き始めたのは、社会経験のある選ばれた人たちがさらに自身の学びを深める「工業アカデミー」に、三〇歳を過ぎて通い出してからだ。様々な職業人が集う教室では、農業集団化に反対して農民が銃殺されたり、ラーゲリに送られたりする悲惨な実情が密かに話題になった。素直に心を痛めたナジェージダが夫に話したところ、「バカ、そんな情報は反革命宣伝の嘘っぱちだ」と突き放された（『スターリン秘録』）。死の前夜、スターリン夫妻は共産党幹部宅の晩餐会に招かれていたが、ナジェージダは夫と口論し、憤然と席を立ったまま戻らなかった。

夫婦関係が冷えていたのは間違いなく、夫の度重なる浮気の噂に悩んでの自殺説はあった。また、ナジェージダ自身、農業集団化に批判的な党幹部ブハーリンに心を許し、夫に嫉妬されていた事実から、暗殺説もなくはなかった。リュシコフから彼女の死の真相を聞かされたという高谷覚蔵が、「戦慄すべき話」と書いているところをみると、それは暗殺説だったらしい。ただ、夫に対する私的、政治的抗議としての自殺だったとの見方はいまもって根強い。もちろん、スターリンは妻の死の真相を語らなかった。ＮＫＶＤを通じて「虫垂炎をこじらせての死」と偽情報を流布させていた。

第三章

粛清から大粛清へ

一、キーロフ暗殺事件の陰で

リュシコフは「手記」のなかで、自分の「思想傾向」に変化が起きたのは、それまでずっと拠り所にしてきたレーニン主義が、もはや「党の政策の根本的枢軸」でなくなったと感じたからで、具体的な契機は一九三四年末のキーロフ暗殺事件だったと記している。どんなに高尚な言い訳をしようが、リュシコフが祖国を見限って日本に逃亡したのは、結局は自身に危険が迫ったからだ、と切り捨てるのは易しい。そうした側面が大きかったことは、リュシコフ本人が「手記」で率直に認めてもいる。ただ、それだけが亡命に至る動機のすべてだ、と決めつけるのはいかにも乱暴だ。キーロフ事件の真相について、歴史家の評価は定まってこなかったが、数百万人が犠牲となった三七年からの大粛清の端緒になったとする点では一致している。あらためて事件の経緯とリュシコフの関わりをなぞってみたい。

レニングラード（現サンクトペテルブルク）はロシア帝国の栄えある都であり、ボリシェヴィキ政権にとっては十月革命の勝利を決定づけた聖地だ。その州の党委員会第一書記を足掛かりに、中央の党政治局員、書記局員と順調に出世街道を走っていたセルゲイ・キーロフが、三四年一二月一日、革命以来変わらずにレニングラード党本部として使われていた旧スモーリヌィ修道院で射殺された。執務室から廊下に出たところを後ろから狙われた。四八歳の働き盛りだった。犯人の青年ニコラーエフは直ちに取り押さえられた。党内不満分子のひとりだったニコラーエフは、自分が帝政時代にアレクサンドル二世を暗殺したナロードニキの後継者と信じ込んでいたほか、元妻とキーロフの関係を怪しむなど狂気に囚われていたといわれる。普段からこうした妄想を周囲に公言して憚らなかったニコラーエフが、顕微鏡的な細かさで国民生活を監視していたＮＫＶＤの網にかからなかったのは、不思議というほかない。それ以上に妙なのは、ニコラーエフが過去に実弾を込めた拳銃を携帯し入館検査をすり抜けて、二度も旧スモーリヌィ修道院に侵入し、警護員に捕まっていたのに、地元のＮＫＶＤは罪にも問わず放免していたことだ。腑に落ちないことはまだある。キーロフの傍らに常に寄り添っていた警護長ボリソフが犯行の瞬間に限って、かなり遅れて後方を歩いていたのだ。しかも呆れたことに、犯人ニコラーエフはキーロフが姿を現すまで廊下の窓台

暗殺されたセルゲイ・キーロフ

に長時間腰かけて待っていたという。

ソ連崩壊後、ロシアの歴史家ラジンスキーは大統領府古文書庫から、スターリンの執務室での面会記録を見つけた。「三四年一一月二八日。キーロフ、一五、退出——一七・二五」。つまり暗殺される三日前、キーロフは任地のレニングラードを離れ、モスクワに来ていた。全ソ共産党中央委員会総会に出席するためだ。記録に残されたクレムリンの面談でキーロフは党書記長から、ただちにモスクワの本部に復帰し党のナンバー2に就くよう求められていた。中央委総会の報告を行うためキーロフは一旦レニングラード本部に戻ったが、その間、NKVDトップのヤゴーダが連日スターリンに呼び出されている。主人から暗殺計画を授けられたのか。いや、まったく逆にキーロフの身辺警備を厳重にするよう指示を受けていた。しかし、ヤゴーダもダテに秘密警察部門全体を任されていたわけではない。主人の「深い言葉」は、しばしば腹の内とは真逆の表現になるのを知っており、忖度すべきは忖度しなければならないと心得ていた、というのがラジンスキーの推理だ（『赤いツァーリ　下』）。

NKVDのトップだったヤゴーダ

モスクワでキーロフ暗殺の一報を受けたスターリンは、モロトフ、ヴォロシーロフら政治局員を引き連れレニングラードへ急行した。内務人民委員部（ＮＫＶＤ）秘密政治局長代理を務めていたリュシコフも、内相ヤゴーダに随行して同じ列車に乗った。

現地ではレニングラードＮＫＶＤのトップ、Ｆ・メドヴェーチが一行を出迎えたが、党書記長は携えていた革手袋でメドヴェーチの横っ面をいきなり張り飛ばした。本物の怒りから か、それとも怒りを演出したのか。そのうえ、自ら犯人を尋問すると言い出した。もう誰も止められない。取調室で「なぜだ」と問われたニコラーエフは、「どうして私に訊くのですか」と反論し、党書記長の背後に立っていたメドヴェーチの部下を指さして、「彼らが私にやらせた。党と国家のために必要だと言われたんだ。四ヶ月間もキーロフ暗殺を説得されたのです」と答えた。「『ニコラーエフを退出させ』ドアが閉まると同時に、スターリンは憎さげに『殺し屋』という言葉をヤゴーダに叩きつけた」（ラジンスキー前掲書）。深読みすれば、口封じしたはずのニコラーエフが、いとも簡単に秘密を暴露したことへの立腹と取れなくもない。スターリンは、「警護長のボリソフを呼べ」とも命じた。別の場所にいたボリソフは、尋問を受けるためトラックの荷台に乗せられ、レニングラード党本部へ向かう途中、トラックが倉庫の壁に接触する事故を起こし死亡したため憶測を呼んだ。

多くの国民はニコラーエフの単独犯行を疑った。実行犯に訊くのが真相に迫る近道なのに、暴君はニコラーエフを即刻処刑させた。そうした前のめりの対応もかえって疑惑を拡大させた。二〇年代の党内闘争で、農民に辛辣だったスターリンを支持して頭角を現したキーロフだが、三〇年代にはスターリンの急進路線に異議を唱える穏健派となり、両者には溝があると囁かれていた。同じ年のはじめの第一七回党大会では、中央委員を選ぶ代議員一二二五人の秘密投票で、独裁者への反対は二九二票に達したが、キーロフのそれはわずか三票だった。面白くなかったスターリンは選挙管理者に票数の改竄《かいざん》を指示した（斎藤前掲書）。その頃、『スターリンが廊下の隅でキーロフを殺した』という文句で終わる風刺的な戯れ唄が流行った。この歌で数万人の命が消えた」（ラジンスキー前掲書）。

五六年に、フルシチョフが第二〇回党大会の秘密報告のなかで、スターリンが犯した数々の罪のひとつとして、キーロフ事件への関与を仄《ほの》めかし、証拠探しまで約束したが、研究者の横手慎二によれば、スターリン黒幕説には様々な状況証拠はあっても決定的証拠は今日まで出ていない。

捜査の結論は、スターリンとの権力闘争に敗れたロシア革命の元勲の一人で、レニングラードを有力地盤とするジノヴィエフらがニコラーエフを使ってキーロフを殺させた、との筋書きに落ち着いた。直接、事件捜査に関わったリュシコフは、この構図をもっともらしく飾り立てる役割を担う。実際のところは、「ニコラーエフは決してジノヴィエフ一派の人間ではない。彼は常軌を逸した誇大妄想狂で、単に歴史的人物に数えられんが為に遂に身を滅したものであることは、彼の日記をみれば極めて明瞭である」(「手記」)と考えていた。つまりは単独犯行との見立てであり、言い換えればヤゴーダの過剰忖度を含むスターリン黒幕説全般の完全否定だ。

ソ連崩壊で新たに開示された資料をもとに、キーロフ暗殺事件の謎に挑んでいたアメリカ人研究者のマシュー・レノーは、留学先の北海道大で三九年発行の日本の雑誌『改造』に掲載されたリュシコフの論稿「スターリンへの公開状」に初めて出会う。そこには、キーロフの警護長ボリソフの死が謀殺でもなんでもなく、トラックのスプリング故障による単純事故の結果だと記されていた。言うまでもないが、執筆当時のリュシコフは亡命先の日本でスターリンの完全な敵であることを内外に宣言していた。あえて言えば、敵の信用失墜を狙って、独裁者が事件のシナリオを描いた、と決めつけることもできた。それでもなお、「精神を病んだ青年党員の単独犯行」と断じるリュシコフの言葉は重いし、生真面目な性格の一端も窺える。レノーは、「八九年以降KGB・FSB(KGBのソ連崩壊後の後継組織)によって公開されたアーカイブ資料に、確証を与えるリュシコフ供述は大変重要なもので」、「暗殺事件とその後の取調べに関する記述を驚くほどの細部にわたって裏付けてい」るとして、「北大図書館の本棚にキーロフ暗殺の謎を解く鍵を見つけようとは想像すらして」いなかったと記している。

二、冤罪裁判の演出家

ソ連にも司法制度はあったが、形式的なものだった。そもそも司法の独立など存在しない。健全な法治国家とそこが大きく異なる。密室での怪しげな審理で数知れない冤罪が生まれた。公開される裁判もあったが、それは権力者の意志を人民大衆に広く伝えるプロパガンダの一手法に過ぎなかった。

まるで予定調和の劇を観るような公開裁判の先駆けは、一九三〇年に行われた一三日間に及ぶ「産業党事件」裁判だった。為政者は国の計画経済が目論見通り回らないことに苛立ち、責任を転嫁するスケープゴートを探していた。運悪く目をつけられたのは、熱工学研究所や空軍アカデミーをはじめ著名な組織で指導的立場にあった科学者や経済学者ら八人で、反ソ的結社、「産業党」をつくってクーデターの陰謀を巡らし、外国勢力とも結託するなどして、故意に各地の工業生産性を低下させ、あるいは物流を混乱させたとして起訴された。

裁判の記録映像は、ソ連のトーキー映画黎明期を飾る一作としてドキュメンタリー作品「13日」にまとめられた。約九〇年後、キーウ育ちの映画監督セルゲイ・ロズニツァがこのフィルムをモスクワで発掘し、再編集してオランダ・ロシア合作の「粛清裁判」に仕立てた。彼によれば、「［産業党事件］裁判は一年かけて準備され、陳述もシナリオができていた。協力を拒んだ被告は公開裁判なしに処刑された。この裁判をモデルに、同じような裁判が開かれ、大粛清で重要な役割を果たした」。

そのロズニツァの映画作品「粛清裁判」は、観る者をじわじわと怯えさせずにはおかない。スターリン時代の空気が濃密に映り込んでいるからだ。怖さの根源には、権力とそれに煽られた大衆のいわば共犯関係がある。大劇場いっぱいに詰めかけた傍聴者の見つめる先に、煌々と照らされたステージができている。その下手《しもて》に設けられた被告席に交互に立たされるのは、全員が初舞台の素人役者八人だ。彼らは必死の思いであらかじめ与えられた役柄に成り切ろうとし、シナリオ通り台詞をしゃべろうとして、緊張から全身を強張らせる。文字通り命懸けだ。素人役者が演じる「産業党の党員」たちは、罪状を素直に認め悔悟するが、当時毎晩モスクワ市内で行われていたお仕着せの街頭デモの参加者たちは、被告席の彼らを容赦しない。日を追うごとに人々の怒りは高まり、ついには声高に「極刑を！　銃殺を！」と叫び出す。その暗い熱狂が戦慄を呼ぶ。舞台の上で展開されるのは出来の悪いフィクションに過ぎないが、素人役者たちに対する民衆の憤怒も、公開法廷で下される過酷な判決も、間違いなく当時のあの国の現実なのだから。

話をキーロフ暗殺事件に戻そう。この事件処理に関連して上司の指示を受けたリュシコフは、以下三件の冤罪事案をでっち上げ、処刑や裁判に積極的に関与したと告白している。

①一九三五年初め、いわゆる「レニングラード・テロ本部事件」
②一九三五年のクレムリンにおける「スターリン暗殺計画のテロ本部事件」
③一九三六年八月のいわゆる「トロツキー、ジノヴィエフ合同本部事件」

①は前節で述べたように、スターリンとの権力闘争に敗れて不遇をかこっていたジノヴィエフとその支持者たち、それにジノヴィエフと並ぶ革命の功労者カーメネフにキーロフ事件単体の責任を押し付けようとしたものだ。ジノヴィエフとカーメネフは、非公開の法廷で陰謀について否認したが、実行犯ニコラーエフの道徳的共犯とされ、ジノヴィエフには懲役

一〇年、カーメネフには同五年が言い渡された。

②はカーメネフらを分離してあらためて裁いたもので、この法廷も非公開。カーメネフは再び陰謀容疑を認めなかったが、さらに五年の懲役刑を追加された。

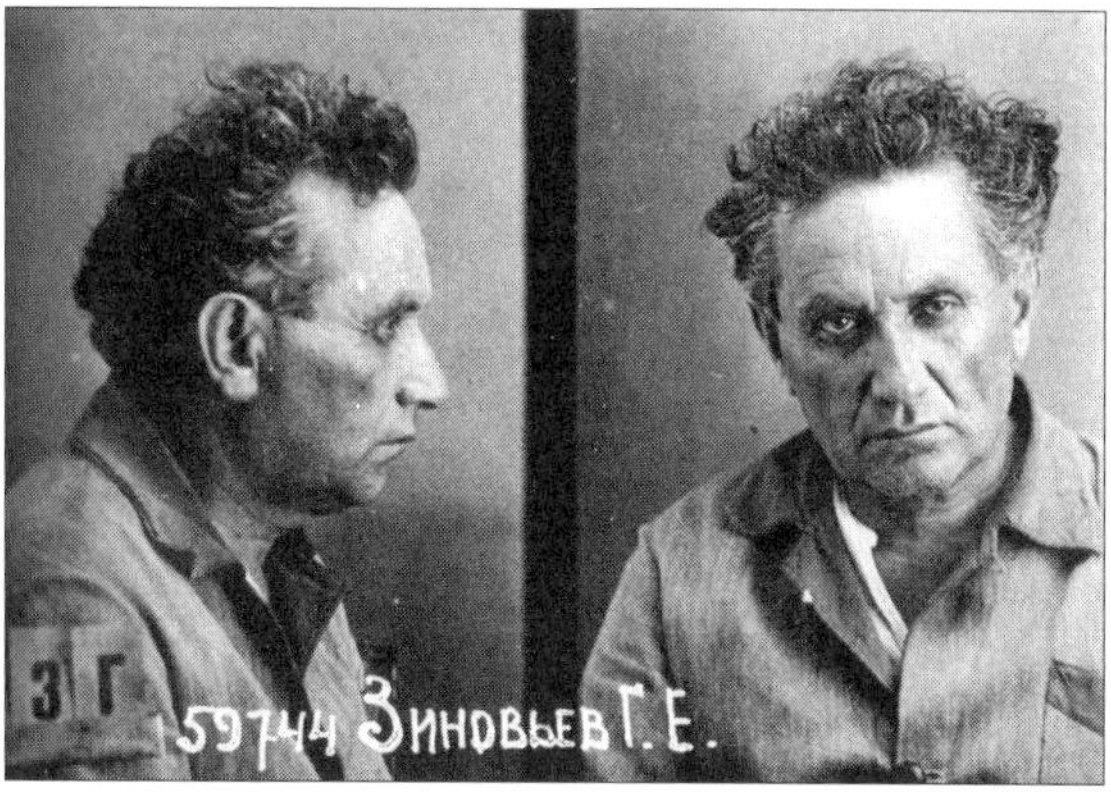

死刑執行直前のグリゴリー・ジノヴィエフ（1936年）

③はまさにロズニツァ監督が指摘した「産業党事件」裁判の発展形で、三八年まで続く三幕仕立ての「モスクワ見世物裁判」のうち、第一幕にあたる。別名「合同本部陰謀事件」とも呼ばれる。会場の労働組合会館に一〇〇人を超す傍聴者と外国人ジャーナリストを集めて開廷した。ジノヴィエフ、カーメネフら一六人が引き出されたステージ上では、「トロツキーと連携してテロ・センターを組織し、ソヴィエト体制を転覆する手だてとしてキーロフ殺害を企て、スターリンらも暗殺しようとした」との起訴内容が読み上げられた。ちなみにカーメネフはトロツキーの義弟にあたる。各自が罪を認めたが、それは事前に被告らに加えられた残虐な拷問の結果

冤罪により処刑されたカーメネフ

だった。全員銃殺の判決が下った当夜、ＮＫＶＤ本部地下のルビャンカ監獄で刑が執行された。公開裁判で罪を認めれば、罰を加えないとの独裁者の「確約」はあっさり反故にされた。リュシコフの打ち明け話によると、ジノヴィエフの独房には深夜、死刑執行官の中尉と兵士二名が来て、房を代えるから出ろと命じた。兵士が両腕を押さえ、中尉が髪の毛を掴んで強引に連れ出そうとしたが、ジノヴィエフが断末魔の抵抗を示したので、その場で首を撃ち抜いた。リュシコフがここまで細部に詳しいのは、他でもない彼自身がジノヴィエフやカーメネフらの尋問官だったからだ。

キーロフ暗殺事件に関連して何らかの罪に問われ、ラーゲリや流刑地に追われたレニングラード市民は実に約一〇万人に及んだ。これを人々は「キーロフの洪水」、あるいは「キーロフの募集」と呼んだ（ロッシ前掲書）。

「モスクワ見世物裁判」の第二幕は三七年一月に初公判を迎えた。「併行本部陰謀事件」と呼ばれたのは、「ジノヴィエフらの合同本部と並行してスターリンの暗殺計画を進めた」という意味だ。いずれにせよＮＫＶＤが好き勝手に付けた名称であり、まったくの濡れ衣だった。ピャタコフら一時期までトロツキーに近かった大物党員が被告席に立たされたが、政治と関係ない産業人、例えば工場の現場責任者や技術者も連座していた。彼らが生産現場の効率を故意に落としたと決めつけられたのは、かつての「産業党事件」裁判を思わせる。

でっち上げ裁判を仕掛ける側のＮＫＶＤでは、組織のトップだったヤゴーダが前年秋に更迭され、エジョフに交代していた。独裁者はヤゴーダのやり方を生温いと見た。

リュシコフは前年までにＮＫＶＤ黒海・アゾフ海地方長官に転出していた。「モスクワ見世物裁判」との直接の縁は切れたことになる。同庁本部のあったロストフ・ナ・ドヌーは、二〇二三年六月、ウクライナ侵攻のさなかに起きたロシアの民間軍事会社ワグネル創設者による「プリゴジンの反乱」の舞台になった街だ。

NKVD 議長を務めたエジョフ

そこでのリュシコフは、「傲慢で移り気、しかもサディスティックな暴漢だった」という身内の伝聞証言がある。研究者のクックスによれば、「状況証拠はリュシコフこそＮＫＶＤそのものであることを示して余すところがない」。言い換えれば、自信満々で強気に見えたのだが、そんなリュシコフは更迭されたヤゴーダと近かった。同じユダヤ系で、チェキストとしての歩みが共に長い。目をかけてくれたヤゴーダのつまずきは、彼にとって気の抜けない季節の到来を意味していた。「併行本部陰謀事件」裁判では起訴された一七人全員が、「ドイツや日本の手先となってスターリンの暗殺を狙った」と認めた。日本の名が陰謀国家として取り沙汰されるのは「見世物裁判」ではこれが最初だ。ピャタコフら一三人が銃殺刑、ラディックら四人が強制収容所送りに処された。ラディックは、のちに日本で逮捕されるゾルゲが、親友だったと検事に告白していた人物で、ポーランド生まれのユダヤ系だ。ある時期までトロツキーに極めて近い立場にいながら、なぜ銃殺を免れたのか。高谷覚蔵によれば、三三年にアメリカ政府がソ連を国家承認するにあたり、ラディックはアメリカ国内のユダヤ人脈を動かして大いに貢献した。そのため、もしラディックまで銃殺すれば、アメリカの親ソ派ユダヤ人たちを動揺させかねないとして処刑は見送られたのだ。

スターリンから直々に託された責務の重さに喘ぎつつ、リュシコフが極東で勤務していた三八年三月、「モスクワ見世物裁判」の第三幕目が始まり、連座したヤゴーダが処刑された。ヤゴーダはＮＫＶＤの長を外された直後に投獄されたわけではない。通信人民委員に横滑りし、しばらくは閣僚の地位を保った。どうやらそれは、ＮＫＶＤ内部を束の間、油断させるために巡らされたスターリン一流の奸計だったらしい。ヤゴーダ逮捕からしばらく時間があったが、処刑の一報はリュシコフをあらためて戦慄させた。

三幕目の「右翼トロツキスト陰謀事件」では、古参の革命家のうち党内右派が狙い撃ちされた。ヤゴーダの起訴内容は、「キーロフ暗殺を支援するだけでは満足できず……、前任者のメンジンスキー、大作家のゴーリキー、国家計画委員会議長のV・V・クイブイシェフの毒殺を手配した。［後継者の］エジョフの毒殺も手配していたが、際どいところで逮捕された」というものだった。この捏造事件では、党の地方幹部、外交官、産業人、果てはクレムリンの医師までが同じ裁きの庭に引っぱり出された。「見世物裁判」の総決算といった色合いが濃い。また、NKVDのプロパー約三〇〇〇人がヤゴーダの道連れで処刑された（クリストファー・アンドルー前掲書）。

ヤゴーダ時代のNKVDに一八人いた一級と二級の保安委員の全員が、後継者エジョフの任期中に一人また一人と銃殺されている。リュシコフもヤゴーダに任命された三級保安委員であり、自分の置かれた立場は十分理解できたはずだ。雨中の越境を決行するのは、一連の「モスクワ見世物裁判」がすべて幕を下ろして三ヶ月後のことだ。

三、〝殺人狂〟と化す独裁者

一九三四年のキーロフ暗殺を利用した赤色テロルの広がりは、レーニン没後の党内覇権をスターリンと争った大物のうち、海外にいたトロツキーを除く全員が抹殺されるという地平に達した。ただ、党、赤軍、秘密警察を率いるその後の世代も、例外なく農業集団化政策が取り返しのつかない大失敗だと知っている。それだけに、スターリンの目には自分の権力にとって無視できない不安要素と映っていた。独裁者の猜疑心は時間と共に膨らんだ。少しでも疑念を抱かせる幹部は容赦なく消していくにしても、一般党員や民衆レベルで悪い芽が育ってしまったらどうなるのか。悪い芽はどうやったら見つけ出せるか。いっそ国全体に漏れなく目の細かい網を掛けていくしかないと考え始めた。

スターリンが三七年の夏、極秘に発した粛清命令書が、ソ連崩壊後のモスクワで野坂参三の軌跡を追っていたジャーナリストの小林峻一、加藤昭によって発掘されている。以下、要点を絞って紹介する。

［極秘］ボリシェヴィキ全ソ共産党中央委員会
書類番号Ｐ五一／九四
エジョフ（ＮＫＶＤ議長）同志へ
各州共産党の書記たちへ
民族共産党中央委員会へ

第九四項　反ソヴィエト分子について

『……［自由剥奪刑の刑期満了で］もと居住していた地方に戻った多くの富農だった者や刑事犯罪人たちは、ソホーズやコルホーズ、あるいは交通機関や一般企業の内部にもぐりこみ、反ソヴィエトと破壊工作活動の主要な元凶となっている。〈中略〉かれらの中で最も敵対的な行動を取った者は、直ちに逮捕し、銃殺の決定を与えなければならない。その他、それほど活発に活動していない者でも、かれらが敵対的分子であることは明白な事実であるから、かれらの姓名を記録した上で、ＮＫＶＤによって決定された地方の収容所に追放すること』

以上の勧告に従い、ボリシェヴィキ全ソ共産党中央委員会は、各機関に対し、五日以内に中央委員会宛に［各地方で決定を下す］トロイカ［機関］のメンバー名、銃殺決定者、および追放決定者の人数を報告しなければならない。

一九三七年七月三日

中央委員会書記長　Ｅ・スターリン

このスターリン極秘指令は、ラーゲリでの刑期を終えて出所した者に限っての処遇だが、文面には大粛清全体の設計思想が巧まずして端的に表れている。つまり、粛清対象者（＝「人民の敵」）の絶対数が問題なのであって、実際に罪を犯したかどうか、そんな事実はどうでもよく、運悪く「人民の敵」にされたら、銃殺かラーゲリかの道しか残らない。「トロイカ」というのは決定を下す地方幹部らの合議体を意味するが、粛清者の数があらかじめ決まっている以上、国民の目を欺く形式に過ぎなかった。小林たちは、現代ロシアの研究者の見解を引用して、大粛清の本質は、特定の政党や個人の反乱を取り締まるためのものではなく、「まったく犯罪に無関係な国民を、いかなる時でも、なんらかの理由をつけて、反党分子や反革命勢力に仕立て上げられるように準備されたもの」と結論づけている。

日本では戦時中、治安維持法の定める犯罪の範囲が次第に拡大解釈され、共産主義とは無縁の知識人、宗教者はもとより、児童に綴り方（作文）を指導したに過ぎない教師の果てまで、気まぐれに同法違反容疑で摘発を受けた。それに見合うものとしてソ連には、刑法第五八条（反革命行為）と五十九条（国家反逆罪）があり、適用はやはり気まぐれだった。ところが、大粛清指令は、無理筋の摘発を気まぐれに行うのではなく。網羅的に全国でノルマ化せよという。

指令を受けてNKVDは実施計画書の策定にかかる。第一弾だ。作成責任者となったのは、のちのリュシコフ亡命事件の際、スターリンの密命を帯びて偶然極東に居合わせ、事後処理を任されるフリノフスキーだ。

（ソ連共産党中央委ポスクリョブシェフ宛、一九三七年七月三〇日付）

命令と決定

〈中略〉

三章　①この作戦は一九三七年八月五日をもって開始されること。そして四ヶ月間で終了させること。〈以下略〉

②作戦は、まず最初、第一カテゴリーに決定された者の逮捕から実行すること。〈以下略〉

③その決定については、各共和国、州、地方機関（現地）の条件（収容人数や開発計画など）によって四人を割り当てるものとする。〈以下略〉

ソ連邦内務人民委員（大臣）
N・エジョフ
ソ連邦国家安全委員会議長
M・フリノフスキー

上記の内容に間違いないことを証明する。

「第一カテゴリーに決定された者」とは即ち銃殺予定者のことだ。フリノフスキーの実施計画書では、全国で合計二六万人近い逮捕、処刑が作戦の一回分として見込まれていた。このときに割り振られた共和国、州、地方別の粛清予定者一覧表によると、リュシコフが赴任する極東地方のうち、日本海に面した軍港都市ウラジオストクだけに限っても、第一カテゴリー対象が二〇〇〇人、第二カテゴリー対象（ラーゲリ送り）が四〇〇〇人に及んでいた。合わせれば、ろくに犯罪の立証がない六〇〇〇人の働き手が街から消えるということだ。いや、六〇〇〇人が負った冤罪に連座させられる家族もいるから、街の働き手はさらに減少する。

一覧表には「NKVD収容所」という一行もあった。全国に点在するNKVD管理下のラーゲリには、当然ながら第二カテゴリー対象者はいないが、第一カテゴリー対象として一万人が割り振られていた。常識的に考えれば、鉄条網の向こう側で囚人をどれだけ処刑したところで、一般国民に対しては何の見せしめにもならない。むしろ、輸送コストをかけて僻遠の地に送り込んだ効率のいい奴隷労働力を、いたずらに損耗させるマイナス効果しか生まないのは明らかなのに、そこまでやってしまう……。もはや殺人狂の域だ。

研究者の加藤哲郎は、勝野金政がラーゲリ送りになったあと、片山潜の私設秘書役を担った医学者、国崎定洞の逮捕が三七年八月四日深夜だったことに注目し、第一弾の大粛清作戦が開始される時点で、国崎の名は粛清候補者リストの先頭にあったと見抜いた。

大粛清を実行したフリノフスキー

加藤によれば、大粛清作戦に伴い、亡命労働者、サーカス団、左翼インテリ（舞台監督、文学者等々）の各種看板でソ連に入ってくる日本人は、すべて

フルシチョフ

「偽装スパイ」としてＮＫＶＤから疑われた。実際、舞台監督の佐野碩《せき》と土方与志は、非党員だったことが幸いして国外追放処分（八月）で済んだが、一一月には山縣の逮捕があり、年明け早々には杉本良吉、岡田嘉子の「恋の逃避行組」が越境直後に拘束された。逮捕後の尋問で、杉本が憧れの的として名を挙げたばかりに、ソ連演劇界の大御所メイエルホリドまでもが日本など外国のスパイと見なされ、残忍な拷問の末、銃殺された。国崎のナリマノフ東洋大学での教え子たち（沖縄出身の若い共産主義者ら）も次々に捕まった。油田開発の関係で北樺太に縁ができ、あるいは漁業関係でウラジオストクに親しむなどの成り行きで、ソ連に住むことになった無名の日本人たちまで相次いで粛清された。

ウクライナの大粛清を実行したのは、ウクライナ国境近くの村出身のフルシチョフ（のちソ連共産党第一書記）だった。スターリンの肝いりで現地の党書記として赴任すると、ウクライナ党の中央委員会総会を招集し、集まった幹部をＮＫＶＤの手で一網打尽にした。そのやり方は、リュシコフがハバロフスクのＮＫＶＤ本部で見せた手法とそっくりだった（高谷

「スターリン裁判は終結したか」)。三八年中にウクライナでは約一〇万人が銃殺され、二〇〇人いた中央委員で生き残ったのは三人だけだった。

四、極東の状況

キーロフ暗殺は謀反の芽の露呈だったという党中央の見立てを受けて、極東地方でも「人民の敵」の摘発は進められた。だが、そのペースが遅いと暴君スターリンは苛立っていた。そして極東を上から下まで〈浄化〉する決意を固めた。以下、ロシア極東の近現代史に詳しいアメリカの研究者ジョン・ステファンとクックスの論述を中心に状況をたどってみる。

スターリンは一九三七年一月、それまでレニングラード州の党委員会書記（現地党官僚トップ）だったリトアニア出身のヴァレイキスを極東地方の同等職に送り込むにあたり、「極東は準戦争状態だ」と危機感を煽った。党中央のマレンコフは、ヴァレイキスがハバロフスクに着任して二ヶ月足らずのうちに、「なぜ極東では『人民の敵』の摘発がそれほど少ないのか」、「なぜ前年中に逮捕した鉄道職員の裁判が一度も開かれなかったのか」など、具体的に問題点を洗い出す調査チームを仕立て、ヴァレイキスのもとに派遣した。モスクワから望外

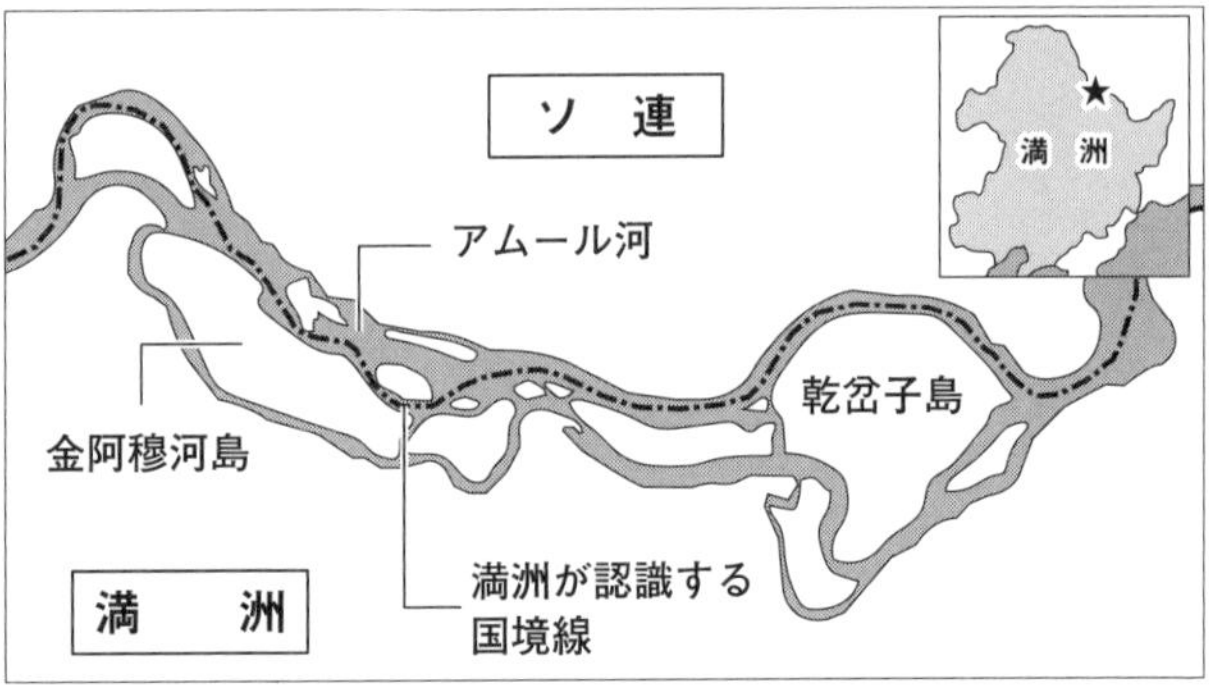

乾岔子島、金阿穆河島

の後押しを受けたヴァレイキスは、一刻も早く、しかも目覚ましい成果を上げるしかなくなった。

六月半ば、満ソ国境のアムール河に浮かぶ満洲国領の乾岔子《かんちゃず》島、金《ちん》阿《あ》穆《む》河《ほう》島に、赤軍兵士が不法に侵入し一部を占拠した。五月にソ連側は一方的に満ソ水路協定の破棄を通告しており、意図的な挑発だった。満洲国軍がこれに反撃し険悪となった。外交ルートによる解決が模索され、交渉はまとまりかけたが、ソ連側が停戦条件を守らず再決裂した。両島から赤軍が撤退するのは、日本が宣戦布告のないまま中国本土で長い戦争に引きずり込まれる盧溝橋事件の三日前、つまり七月四日だ。

スターリンが極東に赴任するリュシコフを呼んで、直々に伝えた指示についてはすでに触れた。ジョン・ステファンによれば、七月初旬の面談で、スターリンはこうも言ったという。「ガマルニクの極東コネクションは大規模で、赤軍、党、集団農場、そしてNKVDさえ抱き込まれている」。

赤軍政治局長から国防人民委員部ナンバー2に上り詰めたガマルニクは党官僚出身で、二〇年代に極東に派遣され六年を過ごして以来、一貫して中央から現地の体制をコントロールするなど、極東問題全般の専門家としてスターリンから頼られていた。当時は軍政治委員の総帥として君臨していたが、順風を受けたのはそこまでだった。反逆者とされているのを自覚し、重い糖尿病だったこともあって逮捕直前に自殺したのは五月だ。

ガマルニクを責めて「同調者」をあぶり出すことができなくなったNKVD中央は、代替えとして極東空軍司令官ラーピンに目をつける。拘束して拷問し、「ガマルニクの同調者リスト」なるものを「自白」させた。スターリンとエジョフはリュシコフに対し、このリスト上の者たちを急いで摘発するよう命じた。ラーピンは結局、拷問に耐えかねて獄中で自殺して果てるのだが、自らの血で書いた党中央委員会宛ての上申書と遺書を残した。遺書には「私はソ連政権に一七年間忠実に尽くしてきた。その結果がこうなのか、もはや我慢する力がない」と記されていた（高谷『レーニン・スターリン・マレンコフ』）。リュシコフは満洲の

ヤン・ガマルニク

国境を越えた際、このラービンの血書二通を携えていた。無実を主張する上申書などモスクワに送っても一顧だにされないことは誰にでもわかる。それでも廃棄はせずに遺書ともども私蔵していた。クックスによると、ラービンの処断について、「苦悶の念につきまとわれた」可能性が否定できない。

架空の罪をでっちあげ、無辜《むこ》の人間を裁く欺瞞劇に重要な演出者の一人として関わってきたリュシコフだが、極東赴任の時点で、党中央が煽るヒステリックな危機感と、国中のあらゆる組織に敵が根深く巣くっているといった現状認識に辟易していた。かといって、忠誠を疑われれば身の破滅だ。そこで、身内である極東ＮＫＶＤの「汚染度」を確かめることから手を付けた。大粛清作戦の実施指令に応える態勢づくりにも注力した。いずれも足元を固める内向きの仕事だ。スターリンの目に留まるように派手に動き出すのは、夏の終わりから秋にかけてだ。「人民の敵」摘発の割り当てを各地区、各郡にあらためて作らせた。党の地方幹部、地方政府の役人、工場の責任者、集団農場の議長には、彼らの裁量範囲で「人民の敵」がどこの誰か、特定することを求めた。部下には捜査員一人につき一日一〇件から二〇件のペースで摘発を指示し、「被疑者」から拷問で「自白」を引き出させた。旧白軍支配地区で暮らした者、外国からの帰還者、移民などはまっさきにターゲットにした。その頃極東では、農民で溢れかえった平底船が、ＮＫＶＤによってアムール河をオホーツク海まで曳かれて行き沈められている、といった不穏な噂が流れた。その背景には、人々の尋常ではない怯えが隠れていた。

盧溝橋で日本軍と対峙する国民党軍

七月七日の盧溝橋事件から始まった日中戦争で、スターリンはコミンテルン支部の中国共産党に反日挑発の強化を指示する一方、蒋介石の国民党政権に肩入れしたが、だからといって極東在住の中国人が友好的に扱われたわけではなかった。現地の中国人は、三七年の初めに約三万五〇〇〇人いたが、リュシコフは翌年五月までに一万一〇〇〇人を逮捕し、八〇〇〇人を国外に追放した。

極東地方で中国人よりはるかに多かったのは朝鮮人で約二〇万人を数えた。彼らのなかには、朝鮮半島からやってきて国籍上、「大日本帝国臣民」のままの者や、日本本土の同胞と繋がる者がいた。ウラジオストクから遠くないポシェト地区周辺への集中ぶりからしても、もし関東軍が沿海州を侵略したら、手先に取り込まれる、とモスクワ中央は警戒した。スターリンは八月、極東の国境地区に住む朝鮮人に限り、全員を追放する党中央委会決定に署名した。翌月には追放対象を全極東の全朝鮮人に広げた。これを受けリュシコフは彼らに中央アジアへ再移住するか、さもなければ満洲追放を受け入れるか、六日間で荷物をまとめ決断せよと迫った。研究者の石突美香は、リュシコフの極東赴任の最大の狙いこそ、朝鮮人追放の完遂にあったと見ている。約一六万人が中央アジアへの長旅を選択したが、従わなかった二五〇〇人が逮捕され、数百人が射殺されるか、移住途上で死亡するかした。朝鮮人が去った空き家はNKVD国境警備兵の宿舎に転用された。こうした動きは日本の新聞でも報じられた。日本政府は朝鮮系住民の権利擁護を求め、ソ連側に厳重な抗議を行った（アレクセイ・A・キリチェンコ『知られざる日露の二百年』）。もちろんモスクワ政府は黙殺した。

レニングラード州から極東地方の党委員会書記として送り込まれたヴァレイキスも、リュシコフ同様に中央へのアピールに必死だった。九月にはスターリンに書簡を送り、「『極東地方・右翼トロツキスト‐日本スパイセンター』を摘発し、五〇〇人以上のスパイを処刑した」と成果を誇った。ただ、そこまでしても努力は報われなかった。九ヶ月に満たない極東在任でモスクワに召還され、首都郊外の小さな駅に到着したところを逮捕された。ヴァレイキスを待っていたのは、「極東地方・右翼トロツキスト陰謀」に関わった罪での銃殺だった。

三七年一二月二〇日付の新聞「プラウダ」に掲載された党中央の布告文で、模範的に任務を遂行した賞詞受賞者が発表され、そのなかにリュシコフの名があった。少なくとも彼の極東での初動半年に関しては、独裁者のメガネに適っていたことになる。ソ連最高会議（第一期）の代議員に選ばれたのも同時期だった。

五、粛軍テロルのなかで

権力の源泉である党からライバルをすべて排除したスターリンにとって、ＮＫＶＤは獰猛で忠実な番犬に似ていた。ＮＫＶＤが犬だとすれば、赤軍は猛獣レベルだが、軍政治委員による監視の目を末端の部隊に至るまで行き届かせることで、謀反につながる動きは芽のうちに摘み取れるはずだった。それでも不安な独裁者は、全人民を対象にした大粛清の開始に先駆けて粛軍テロルの嵐を吹かせることにした。その結果、「赤いナポレオン」の異名をとったトゥハチェフスキー元帥はじめ主だった軍幹部が次々に銃殺された。軍政治委員の総

ヴァシーリー・ブリュッヘル

帥だったガマルニクも自殺に追い込まれた。目障りに思えてきたのは、ガマルニクの影響力が排除された極東で、強い求心力を維持していた大物元帥ヴァシーリー・ブリュッヘルの存在だった。

ブリュッヘルは内戦期、シベリアに反ボリシェヴィキ政権を立てていたコルチャーク提督の白軍と戦い、次に極東共和国の軍を統括した。同国は、日本の脅威から内戦期の革命政権を守るため戦略的判断で生まれたいわば緩衝《かんしょう》国家で、いまのロシアの東半分にあたる広大な面積を版図に二年余り存続した。ブリュッヘルの軍歴で異色なのは、その後、蒋介石軍総司令部付（軍事顧問）に転出したことだ。いわゆる第三次北伐の立案者ともいわれる。本国に戻るとウクライナ軍管区司令官を経て、もともと縁のあった極東の軍管区を一九二九年から任され、以降はその座を誰にも譲らなかった。極東地方に対するグリップの強さでは、中央にいたガマルニクをしのいでいた。日本やその勢力圏にある満洲との利害が複雑に絡む極東地方の環境を考えれば、モスクワにとって現地の防衛体制は極めて重要だ。その反映として、ブリュッヘルの軍管区には全地上軍の実に四分の一が集中し、特別赤旗極東軍（ＯＫＤＶＡ）

なる名称を奉られて格上の扱いを受け、また彼自身、トゥハチェフスキー元帥の裁判で裁く側に回っていた。リュシコフの人物評によれば、「相当に聡明な、闊達《かったつ》な、非凡な人間であったが、彼もまた過去の功績の権力のうちに座し、その利子で生活する人々の種［類］に属していた」（『極東赤軍論』）。

三八年三月、「モスクワ見世物裁判」の第三幕が終わると、独裁者はブリュッヘルの排除について本腰を入れ考え始めた。相手に警戒させることなく、モスクワから自分の忠臣を送り込むにはどうしたらいいか。主人はウラジオストクの海軍で起きたという殺人未遂事件を利用することにした。その事後処理にあたるという名目なら当たり障りはない。重い任務を託されたのは、ＮＫＶＤ国境警備局長官フリノフスキーと、主人の元秘書で赤軍政治総局長メフリス、そしてＮＫＶＤノヴォシビルスク地方長官ゴルバッチの「三人組」だった。

内相エジョフの求めるものを極東の地で着実に積み上げているようにみえたリュシコフだが、スターリンが期待しているブリュッヘルへの監視と疑惑のタネの収集は、遅々として進まなかった。百戦錬磨の軍人であるブリュッヘルは、独裁者の腹の内を推し量る感度にも優れていた。ＮＫＶＤに隙を見せるようなことは間違ってもなかったし、逆に自分から先手を打って危険な存在のリュシコフを失墜させようと狙っていた。クックスの指摘では、五月、定期的なモスクワ訪問からハバロフスクに戻ったブリュッヘルは、普段なら決して近付けようとしなかったリュシコフをその時ばかりは呼びつけ、彼とＮＫＶＤの部下たちの仕事には極めて不満足だ、と叱責した。極東の帝王からの宣戦布告だ。リュシコフはおのれの窮地を、いやでも強烈に実感せざるを得なかった。なにしろ相手は、粛軍テロルが始まるまで赤軍に三人しかいなかった元帥の最古参であり、もっともらしい罪を密告されれば対抗は難しくなる。同じ五月、リュシコフの専属副官ケーガンが召還命令を受けた。少し置いて、本人にもついに来るべきものが来た。「それは、ありきたりの簡明な電文の形をとっていた。『任務調整のため、モスクワへの帰還を準備されたい』」（ノックス前掲書）。リュシコフの「持ち時間」は確実に少なくなっていった。

リュシコフが身辺に異変を感じたのはその年の一月だ。代議員としてソ連最高会議に出席するためモスクワに出張した際、尾行されていると気づいた。その後、彼のもとには中央勤務の同僚たちから、用心を促すサインが、第三者に悟られない形で何度も届くようになった。「手記」の冒頭部分として先に紹介したように、ＮＫＶＤ内ではレニングラード地方長官とウクライナ共和国の元長官がモスクワ召還後に逮捕され、白ロシア共和国（現ベラルーシ）

とスヴェトロゴルスク地方でもトップの召還が確認された。高官たちは全国規模で着実に消されつつあった。なかでも、古参のチェキストほど狙われやすかった。ヤゴーダ失脚のあと、新しく築いた上司エジョフとの気安い関係も、リュシコフにはもう慰めにならなかった。「三人組」の極東入りは六月と決まり、あらかじめ関係先のブリュッヘルやリュシコフにも伝わった。「三人組」の特別列車には、ＮＫＶＤの精鋭部隊のほか、手回しが良いことに、逮捕者の仕事を穴埋めする実務要員までが多数乗ることになっていた。

粛軍テロルの大波は、ブリュッヘルの特別赤旗極東軍（ＯＫＤＶＡ）も容赦なく呑み込んでいた。三七年半ばから翌年夏までに、側近を含めて四〇〇〇人の同軍幹部と政治委員が粛清された。片腕と恃《たの》んだ極東空軍司令官ラービンもすでに自害している。地元で国家行事があればスターリンと並び肖像画が掲げられるほどの名声は不動だったにしても、実のところブリュッヘルは孤立していた。そこまで追い詰めた「功績」の一端はリュシコフによるものだ。ただ、極東に着任して一年近くが経とうというのに、まだブリュッヘル本人の「疑惑」のしっぽが掴めないのは、地元のＮＫＶＤを率いる者として失態といえばいえた。目標未達は即ちサボタージュであり粛清の理由として十分だ。モスクワへの召還にまだ期限は切られていなかったが、悪い予感がした。別命で極東入りすると聞く「三人組」を、ハバロフスクの駅に出迎えたら、その場で逮捕されるかもしれない。同じ駅頭で前任者のバリツキーに課した運命が、今度は自分に返ってくる……。リュシコフは身震いした。たとえ駅での逮捕は免れたとしても、彼らが地元NKVDの頭越しにブリュッヘルを捕縛することにでもなれば、自動的に自分の首も絞まる。

フリノフスキーら「三人組」がハバロフスクに着いたとき、出迎えの列にリュシコフの姿はなかった。すでに沿海州方面の国境視察に出発していたからだ。「三人組」が地元NKVD長官の不在に何ら不審を抱かなかったのは、国境視察の計画をNKVD中央はもとより、ブリュッヘルにさえ周到に通知して油断させたリュシコフの根回しの結果ともいえた。だからといって、「三人組」が極東を去るまで気が抜けないし、モスクワへの召還期限が明示される日も遠からず来る。亡命に向けてリュシコフの判断は揺るがなかった。いずれにせよ、リュシコフの逃亡は、三八年六月のタイミングが最後の機会で、その一瞬を逃せばもう不可能だった。

六、張鼓峰事件とブリュッヘルの落日

リュシコフの越境直後から、その逃亡ルートとなった沿海州のハサン湖周辺で、ソ連兵が活発な動きを見せはじめたことはすでに述べた。緊迫した国境情勢と日ソ両国の国内事情を、双方の側から検証したい。

関東軍情報参謀だった林三郎によれば、日本海に注ぐ豆満江河口から二〇数キロ上流の東岸に、標高一五〇メートルほどの高地がある。その頂上からは、ソ連領ポシェトが手に取るようによく見え、快晴の日には遠くウラジオストク辺りまで望見できた。それが張鼓峰《ちょうこほう》で、さらに北方二キロ余りのところに隆起する部分が沙草峰《しゃそうほう》だ。満洲国は両峰を自国領として琿春県に組み入れていたが、同県を防衛範囲とする朝鮮軍は、現地を「国境線不明確地域」と見なし、あえて二峰には一兵も出していなかった。ソ連側も同様だったので、武力衝突はたまたま避けられていたにすぎない。この可燃性の高い領域に、モスクワから

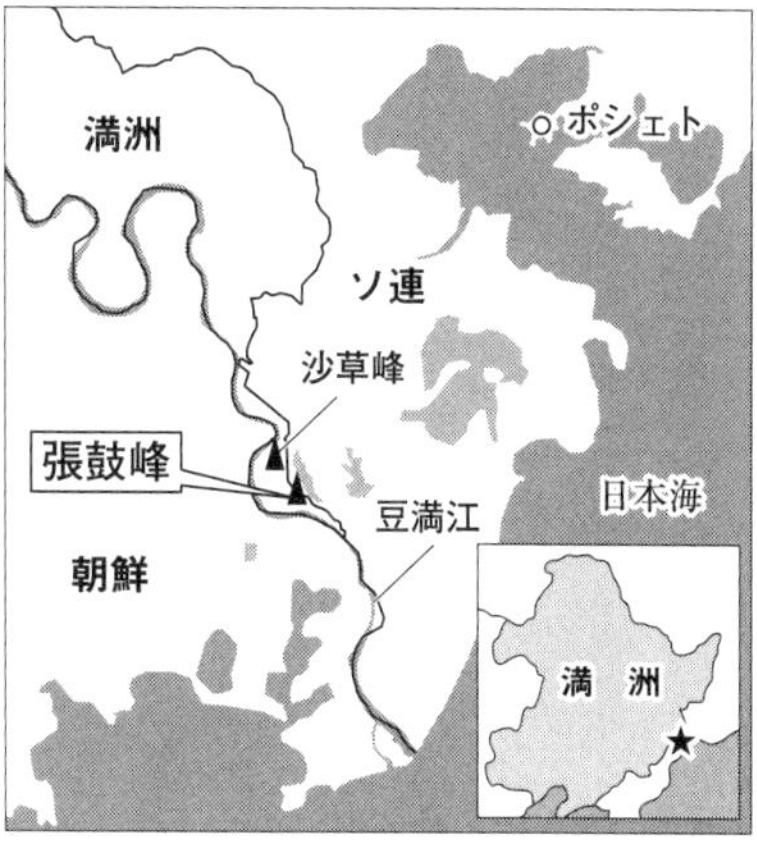

張鼓峰

送り込まれてきた「三人組」とブリュッヘルの暗闘が火を点けることになった。

異変は、日中戦争の端緒となった盧溝橋事件のちょうど一周年目にあたる一九三八年七月七日に起きた。リュシコフの逃亡で責任を取らされた前任者に代って、ポシェト湾地区担当のNKVD第五九国境警備隊を任された新隊長が、ハバロフスクの上官に宛てて、「西方台地（張鼓峰の東北方約一二キロ）に兵力を配置すべき」と意見具申する電報を、関東軍が傍受したのだ。威信回復を急ぎたい同警備隊単独のスタンドプレーと見えなくもないが、関東軍はこれを、国境防衛再編の兆しと見て、朝鮮軍、琿春特務機関など関係先に通報し、監視を強化した。張鼓峰に一〇数名のソ連兵が姿を現したのはその二日後。満洲国側の斜面に陣地を構築する姿が確認された。一一日の午後には兵員が約四〇名に達した。こうしたエスカレーションには、当然だが高官の命令が必要だ。実際には「三人組」のうち、NKVDのフリノフスキーが、ブリュッヘルに無断で部下の国境警備隊を動かしていた。つまり、意図的な挑発だ。

一五日、二〇日の両日、モスクワの日本大使館はソ連の外務人民委員部に対して原状回復を求め、「そうしない場合に起こり得る事態の全責任はソ連が追うべきである」と申し入れた。ソ連側は、「脅かしはモスクワには通じない」と一蹴した。タス通信は、そもそもソ連兵の満洲国側への侵入など事実無根だと報じた。

大本営陸軍部は、朝鮮軍司令官・中村孝太郎中将に対し、「所要に応じ在鮮の隷下部隊を国境近くに集中することを得る。ただし実力の行使は別命による」と伝えた。臨戦態勢の指令だ。これを受け、羅南駐屯の第一九師団は一九日の明け方までに歩兵四個中隊、山砲兵二個大隊、野戦重砲兵一個大隊を基幹とする戦力の現地集中を終えた。

二〇日、参謀総長・閑院宮載仁《かんいんのみやことひと》元帥は、武力行使について天皇の允裁《いんさい》を仰ぐため参内する予定だった。しかし、海軍や外務省が反対しており、上奏しても聴き届けられる見込みが薄いと事前に察知し、参内自体を取りやめてしまった。これを受け大本営陸軍部は「武力行使不可」を朝鮮軍に命じた。手足を縛られたままの部隊を、緊迫する現地に残留させるのは得策でないと判断した朝鮮軍は、部隊の原隊復帰に舵を切った。

閑院宮載仁元帥

一方、研究者のステファンによれば、紛争不拡大派のブリュッヘルは、二四日、ＮＫＶＤの部隊が増強されるのを警戒して自軍の政治委員らを現地に赴かせ、フリノフスキーを叱責した。それどころか、

「ハサン湖付近の国境区域隊長、および日本との紛争を挑発したその他の責任者の速やかな逮捕」までモスクワに要求した（スラヴィンスキー前掲書）。折悪しく、ブリュッヘルの足元では、特別赤旗極東軍（ＯＫＤＶＡ）が七月を期して極東戦線軍（ＤＶＦ）に改編された直後だったうえ、武器弾薬の品質不良という問題も片付いてはいなかった。司令官としてみれば、無様なことにならない前に、衝突を忌避したいのが本音だった。

二九日になって、一〇名前後のソ連兵が沙草峰に初めて現れた。そこはソ連が主張する国境線より、かなり満洲国側に入ったところで、しかも張鼓峰へのソ連兵進出からすでに二〇日が経っている。羅南の朝鮮軍第一九師団長・尾高亀蔵《すえたかかめぞう》中将は、沙草峰への進出は張鼓峰の件とはまったく別個の国境侵犯と捉え、京城の朝鮮軍司令部に指示を仰ぐことなく、独断で隷下の二個小隊に攻撃命令を下達した。いわゆる張鼓峰事件の勃発だ。同時に尾高は、原隊復帰の部隊も再集結させ、三一日までの戦闘で両峰からソ連兵を一掃した。

ソ連側が両峰頂上を確保するためには、極東戦線軍とＮＫＶＤ国境警備隊の共同作戦が必要だったが、フリノフスキーはＮＫＶＤの部隊をブリュッヘルの指揮下に組み込むつもりはなかった。ブリュッヘルは新参謀長シュテルンに現地の指揮を託していた。八月一日、スターリンと国防人民委員ヴォロシーロフはクレムリンからブリュッヘルに電話し、ハサン湖を見下ろす二峰から、朝鮮軍部隊の陣地を遅滞なく取り除くよう迫った。しかも、スターリンはブリュッヘルに、次のように揺さぶりをかけた。「正直に答えて欲しいのだが、ブリュッヘル同志、あなたには日本人と本気で戦う気はありますか。もし、ないのであれば、

擬装して進軍するソ連の戦車部隊（張鼓峰事件）

コミュニストらしく、率直に言ってください。あるのであれば直ちに現場へいくべきです」（キリチェンコ前掲書）。厭戦気分の表れから、ブリュッヘルはこの紛争のさなか、一時的に姿を隠したことさえあった（リュシコフ「極東赤軍論」）。しかし、さすがに主人から電話を受けた翌二日は、総攻撃を自ら指揮すべく前線に立った。シュテルンは善戦し、モスクワは太平洋艦隊や航空隊まで投入し支援した。

　東京のスパイ、ゾルゲからの通報で、「日本政府にも陸軍にも、この小競り合いを本格的な戦争に拡大させる意図はない」と分かったソ連側はかえって強気になり、六日からさらに攻勢に出た（スラヴィンスキー前掲書）。この攻勢で朝鮮軍部隊は占領拠点か

ソ連軍機による張鼓峰爆撃（張鼓峰事件）

ら追い払われた。一二日、外交交渉によって両軍はようやく停戦。戦闘行動停止時点の現状が維持されたので、ソ連側がわずかに実をとった。

リュシコフは、亡命後まだ間もなかったにも関わらず、この張鼓峰事件にソ連側の「意図見積もり役」として参画している（クックス前掲書）。

日本側は当初、戦死傷者を実際より少なく公表したが、参謀本部の秘密報告では約一四〇〇名だった。数字のごまかしはお互い様で、ソ連側の戦死傷者が日本側の三倍近くにのぼった事実はソ連崩壊まで伏せられた。特に将校の損耗《そんもう》が激しかった。粛軍テロルの影響がはっきり窺える。極東戦線軍の戦闘能力が大きく低下していることは、この紛争が勃発する前に、リュシコフから日本の参謀本部に伝わっていた。短期間の武力衝突で双方にこれほど多くの犠牲者が出たのは、一義的には挑発したソ連側の責任だが、作家の西野辰吉が指摘するように、日本の参謀本部幕僚のなかに、リュシコフの知見を実戦で試したいという威力偵察論があり、その影響も無視できない。

一五日、昭和天皇は閑院宮参謀総長に勅語を下賜した。大元帥としての勅語下賜は、前年の日中戦争勃発時以来だ。

「今回の張鼓峰事件において、我が将兵が困難なる情況のもとに、寡兵《かへい》（比較少数の兵士）これに当たり、自重隠忍《じちょういんにん》、よく任務を全うせるは満足に思う。なお、死傷者に対し哀矜《あいきょう》の情にたえず」。

紛争がともかくも拡大しなかったことへの安堵が滲む。この勅語のお陰もあったのだろう、第一九師団長が朝鮮軍司令部を介さずに独自判断で攻撃命令を下した件は不問に付され、逆に師団長自身の昇任に道を拓くことになった。

リュシコフの東京での記者会見は、張鼓峰周辺が一触即発の危機を迎える時期と重なっていた。そこでは、スターリンとブリュッヘルの関係を問う生臭い質問も出た。リュシコフは、「スターリンが好意をもっているようだが、いつまで続くか分からない」と手の内を明かしていない（西野前掲書）。

張鼓峰事件停戦の少し前、ハバロフスクではお仕着せの大規模な抗日デモが組織された。

注目すべきは、そこにもうブリュッヘルの肖像画がなかったことだ。一六日、モスクワから一連の武力衝突の総括を求められ、ブリュッヘルはシベリア鉄道の客となった。モスクワに着くと、スターリン、ヴォロシーロフ、モロトフ、そしてフリノフスキーがいる席に引き出される。独裁者は例によって黙っていたが、ヴォロシーロフとフリノフスキーは、「意識的な敗北主義に近い重大な無能だ」と告発した。ブリュッヘルは、「元帥に相応しい仕事」が決まるまで保養地のソチで待機を指示され、現地で妻や弟と合流した。それも束の間、「別宅のある東京へ逃亡する準備をしていた」と告発された（秦郁彦「草原の国境紛争―第一次ノモンハン事件」）。逮捕されても最後まで「自白」を拒否したため、片眼が飛び出すほどの拷問を受け獄死したといわれる。

俯瞰して見れば、ブリュッヘル抹殺は、スターリンが不退転で取り組んだ粛軍テロルの総仕上げだった。満・朝・ソの国境が入り組む豆満江下流には、日本側がいう「国境線不明確地域」が多く点在し、いつ紛争に発展してもおかしくなかった。リュシコフの越境ルートがまさに問題の地域だったため、ソ連側の一矢報いたいという感情は刺激された。モスクワのＮＫＶＤから乗り込んだフリノフスキーは、これをブリュッヘルの追い落とし材料に利用し、狙いどおり成功した。あえて言うなら、リュシコフの亡命が期せずしてその突破口を作ったことにはなるだろう。

ソ連政府は張鼓峰事件を勝利と認めた。一〇月、最高会議幹部会令による論功行賞が発表され、ポシェト湾地区担当の国境警備隊が他の部隊や個人と共に栄誉に輝いた。同じ月、地方行政区画が変更され、それまでの「極東地方」は、新たに「ハバロフスク地方」と「沿海地方」に分割された。極東の〈浄化〉が、行き着くところまで行ったことになる。

蛇足になるが、のちの東京裁判で、ソ連側は張鼓峰事件を持ち出し、日本側の侵略行為を立証しようとした。しかし、法廷で俎上《そじょう》に上ったソ連・軍事地形管理局作成の三三年版五〇万分の一の地図では、満ソ国境はハサン湖より東になっていた。張鼓峰、沙草峰はいずれも湖の西にある。この地図を保存していたのは関東軍だが、ソ連側では三八年に当局の命令で各部隊から問題の地図が没収され、軍事地形管理局の保管分まで廃棄されて、まったく残っていなかった（キリチェンコ前掲書）。

ＮＫＶＤザカフカス地方長官のラヴレンチー・ベ

ラヴレンチー・ベリヤ

リヤが、内相エジョフの後継含みで第一代理に送り込まれたのは、張鼓峰事件が収拾を見た直後だ。エジョフはその年の一二月に解任される。部下リュシコフの逃亡を知ったとき、責任を問われる恐怖で泣き出したといわれるエジョフは覚悟していた。ただ、独裁者の思惑は別で、大粛清に一応のけりをつけるのに、この人事が必要だった。「やり過ぎたのは自分ではなくエジョフだ」と言い逃れが可能になるからだ。ベリヤはＮＫＶＤの立場を笠に着て女性を漁るような非道な男だったが、そんなことはどうでもよかった。独裁者の読み通り、エジョフシチーナ（エジョフ体制）という言葉は、いまだに「大粛清期」の同義語として通用している。

第四章　リュシコフとゾルゲ

一、銀座のニアミス

リュシコフの評伝を一九七九年に著した作家の西野辰吉は、「亡命直後の事情が分かったのはK・N氏を探し出すことができたからだ」としている。K・N、即ち西村庚《こう》は、陸軍士官学校を出て任官したものの病気を得て退役、その後ロシア語の能力を買われ参謀本部第五課の傭員《ようい ん》となった学究肌の人物だ。戦後は新たに設立された国立国会図書館に地図の専門家として勤務するかたわら、日露交流の黎明期研究などレベルの高いテーマに挑み、旺盛な執筆活動を続けた。ただし、戦中の体験についてはほぼ何も書いていない。西野からリュシコフ関連の取材を受ける際も、おそらくは匿名の条件をつけるなど逡巡の跡があり、諜報の世界に生きた人間特有の強い警戒心が仄見《かいまみ》える。そんな西村には珍しく、インディギルカ号遭難事故に関してだけは、専門雑誌の片隅にコラム風の文章を寄せている。印象深くもあり、また書いても差し障りがないと計算したのだろう。

三九年一二月、大しけのオホーツク海を宗谷海峡方面に南下していたソ連船籍の大型船イ

横倒しになったインディギルカ号

ンディギルカ号が予定の進路を逸れ、稚内に近い猿払《さるふつ》村《むら》鬼志別《おにしべつ》沖の岩礁に乗り上げたうえ横倒しとなった。沈没こそ免れたものの七〇〇人以上の乗員乗客が死亡する大惨事となった。日ソ両国の軋轢が極限に達していた折りではあったが、地元民たちは荒れ狂う風雪をついて命懸けで磯舟を出し、村をあげて遭難者の収容にあたる一方、関係機関を通じて大型船による救助を要請。結局四〇〇人余の命が救われた。日ソ関係は戦後もぎくしゃくするが、村民たちは純粋な気持ちから、毎年、犠牲者慰霊の行事を欠かさず、事故当時まだ少年で命拾いしたロシア人を式典に招くなどした。気づけば、最果ての寒村の人道主義は、悲惨な事故を日ソ友好のタネに転化する役割を果たしていた。ここまでは、ある種の美談として知る人も少なくない。

当初、インディギルカ号の乗客は、カムチャツカ半島の出稼ぎ先からウラジオストクに戻る水産加工場の季節労働者とその家族たちと伝えられていた。しかし、乗っていたのは彼らだけでなかった。出港地であるマガダンの周辺には、ソ連全土に散らばる強制収容所のなかでも特に過酷な労働を強いられ、生命損耗率の激しいラーゲリが集中していた。インディギルカ号の船倉には、そうしたラーゲリの収容者のうち、再審を申し立て裁判所に出向くためウラジオストクに押送される者がぎっしりと押し込まれていた。ほかに刑期を終えた囚人も一部いた。彼らは横倒しになった座礁船の奥深くに取り残された。避難を誘導する船員はない。自力で脱出を試みようとする囚人には、警備兵が容赦なく銃撃を加えた。また、季節労働者が働いていたという水産加工場にしても、経営母体の極北地方建設総局はＮＫＶＤの傘下だったことがいまでは判明している（北国諒星「ソ連船インディギルカ号遭難の謎に迫る」）。

大海難事故の陰に隣国の底知れない暗部が隠れていようとは、一般の日本人には知る由もなかった。陸軍第七師団司令部のあった軍都・旭川の小学校が、事故難民救援本部にあてられた。九死に一生を得た人々が講堂を埋め、本国に戻る船を待ち続ける。しかし、迎えの船は一向に来ない。そうした状況で参謀本部から派遣された西村は、避難所の隅々まで歩き回っては、所在なげに屯《たむろ》す者たちの間に入り込み、ロシア語で気軽に話しかけた。ソ連情報の収集、分析を担当するロシア班の任務の一端が窺える。当初、粛清地獄の祖国を嫌って、日本残留を希望する者が続出するのではないかと当局は懸念したが、杞憂に終わった。救難本部に身を寄せたロシア人たちに同僚同士の反目はほぼなかった。それどころか、前途の不安におびえながら、為政者に対する反感と祖国に対する思慕の情を切り分け、囚人たちを含む全員で帰国する決意を持ち続けていた（西村「祖国愛」）。娑婆の市民がラーゲリ囚を少しも特別視していないのは、誰一人、徒囚の「罪」など信じておらず、明日は我が身と思っていたからだろう。一方では函館から飛んできたソ連領事が、生存者たちに圧力をかけて、日本側の聴取に口をつぐませた事実もあった（北国前掲書）。これも情報戦の一コマだろう。

九段の偕行社（提供：朝日新聞社）

東京のリュシコフは、移送されて以来、九段の偕行社にそのまま留め置かれた。もう虜囚ではないが、ソ連に奪還されてはならないし、口封じに殺される恐れもあると参謀本部は警戒した。偕行社なら警備も行き届くし、ある種の迎賓館だから、三等大将という高官の処遇として不足はない。身柄を預かった第五課はそう考えた。亡命事件の発表と同時に公開された「手記」も、偕行社でしたためられた。亡命者の世話役に指名された西村が、一室にタイプライターを持ち込んで「手記」のもとになったリュシコフの口述をロシア語で清書し、リュシコフに推敲させ、日本語に訳した。大変な作業だ。リュシコフは尋問に忌憚なく答えた。情報の価値を知る参謀本部上層部の人間はみな、この幸運に感謝せざるを得なかった。参謀本部第五課の甲谷らは、末永く日本の協力者になってもらうため、国の実情、首都の繁栄を、その目で確かめさせたいと考えた。西村はある日、銀座の散歩にリュシコフを連れ出した。京城の商店街の賑わいをすでに体験済みのリュシコフにしても、桁違いに煌びやかな銀座の佇まいには目を見張ったことだろう。松屋デパートで背広を誂え、天金でてんぷらを食べて、という銀ブラのフルコースだ。私服の憲兵が付いたが、あえて距離のある所から監視の目を光らせる態勢をとった。西村とリュシコフが三越側を、警護の憲兵二人が服部時計店側を歩いていたとき、偶然ソ連大使館員が通りかかった。リュシコフがこれに気づき、とっさに横丁へ逸れて事なきを得たという。

この銀座の小事件のあと、西村が警護の憲兵から直接聞いたところでは、何か事あれば、いつでもリュシコフを射殺すべしとの指令が上官から出ていた。西村にとっては意外な話だった。対ソ情報を扱う人間からしてみれば、リュシコフは絶対的に護らねばならない「虎の子」だったからだ。リュシコフに付き添う憲兵が参謀本部付だったとしても、軍隊内警察に変わりはないから、警護対象を見る目も参謀本部員と同じではない。もっぱら治安維持優先の立場だ。そもそも日本の軍隊は政治亡命者という存在に不慣れだった。まして亡命者の知見を味方の戦略戦術に活かそうというのだから、保守的な軍人ほど拒否感を抱く。しかも、ソ連が「リュシコフ」などという人間は存在しないという以上、日本が彼の利用価値と保護するリスクを天秤にかけて、どのように扱おうと、なんら責めを負うものではない……、そんな考え方も多くの軍人の間には燻《くすぶ》っていた。

銀座中心部（1930年代）

リュシコフ自身にとって日本は、政治亡命の希望を聞き届けてくれ、階級に相応しい処遇で身の安全を図ってくれた国には違いない。だから問われるままに、極東でのソ連軍の数と配備、要塞の位置と状態、国境警備を含むＮＫＶＤの活動全般、軍事法制、地域と軍隊内に潜在する反感、スターリンの思考傾向など、知り得る限りあらゆる情報を提供することで恩義に報いようとしていた。かといって、極東地方にいた彼にとって、亡命先の選択肢は他になかったのも事実で、もし妻子が無事ポーランド国境を越えていた場合、再会に便利な国とは言えなかった。越境に失敗していれば妻のラーゲリ送りは確実だし、その前に拷問される。しかもそうした責め苦を定式化し、無数の家族に無数の悲劇を押し付けてきたのは外ならぬ自分なのだ。甲谷少佐と会った際、真っ先に頼みこんだ妻子の安否確認に、まだ正式な回答はなかった。心に棘が刺さった状態が続き、リュシコフは先々の人生設計を深く突き詰めることができないでいた。

甲谷にはリュシコフの心中がよく分かっていた。落ち込ませないよう西村らとあれこれ対応を考えた。男盛りの無聊《ぶりよう》を慰めるため、芸者遊び、遊郭遊びもさせた。多摩川近くの二子新地で迎えた一夜、閨房《けいぼう》の下卑たエピソードから、甲谷は彼には巨根をもじった「マラトフ」なる異名を奉り、以降、リュシコフからもたらされた情報を、一元的に「マラトフ情報」というコードネームで発信することにした。何ともふざけた名前だが、「その頃の日本の陸軍参謀本部にはそれ位のユーモアをもてあそぶ余裕があった」（勝野『凍土地帯』）。「マラトフ情報」の発行で、以降の参謀本部の文書から「リュシコフ」の名が消えた。また、整理の都合上、同情報は過去に遡って越境翌日の六月一四日発信分を第一号として数え直された。内外記者の前に初めて姿を現すまでの一ヶ月間に、「マラトフ情報」は一一号に達した。ニーズがなければここまでの頻度にはならない。日中戦争の終息が開戦から一年を経ても一向に見通せないなかで、仮想敵であるソ連の動向を陸軍の要路がいかに気にかけていたか、その端的な表れと見ることができる。現存する「マラトフ情報」を探してみたが、出会えたのは第一一号の表紙のみ（所蔵・防衛省防衛研究所）。「各配受信先において、読後、速やかに処分せよ」と定められていたか、あるいは終戦時に一斉に灰にされたか。

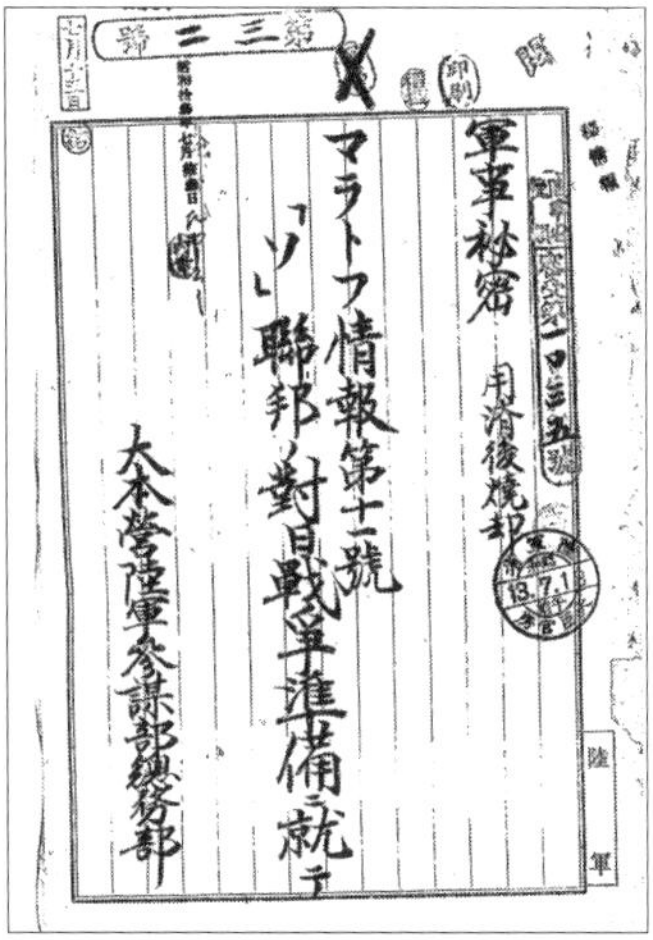
軍事秘密　用済後焼却

マラトフ情報第十一號

「ソ」聯邦ノ對日戰爭準備ニ就テ

大本營陸軍參謀部總務部

マラトフ情報11号・表紙

銀座のニアミスはあったものの、リュシコフは書き物をする合間に、西村と連れ立って東京の中心部を歩き回った。なかでも、一番のお気に入りは偕行社に近い神田の古本屋街だった。頻繁に出かけてはロシア語の歴史書やチェーホフ、ツルゲーネフの小説を買い漁った。そうやって、偕行社での日々は瞬く間に過ぎていった。

二、樋口美代という〝謎〟

ソ連のラーゲリから奇跡的な生還を果たし、治安維持法違反の容疑も晴れた新進作家、勝野金政のもとには、反共団体からの講演依頼が相次いだ。勝野はソ連を理想郷とみる幻想からはとっくに覚めていた。だから誰の前であれ、断乎として思いの丈を述べればいいだけなのに、その手の依頼はどうしても受ける気になれなかった。たとえ自ら信奉した思想がまやかしだったと分かっても、それに長年染まっていた人間には、次の一歩を踏み出すまで長い時間がかかるものだ、と勝野は当時の心境を語っている。そんな彼にとっての一つのけじめは、『コミンテルンの歴史と現勢』という本の上梓だったが、これはあえなく発禁処分になる。幸い、思想検事の教科書にする目的でその筋からまとまった買上げがあり、出版社には迷惑をかけずに済んだという。文筆業で立っていこうとしていた勝野が、参謀本部の土居明夫に誘われて第五課の嘱託として働き出すのは三七年一一月からだ。初任給は五〇円。辞める直前には大佐同等の二八〇円を支給されていた。嘱託とはいっても、稀有な体験と専門知識を持つ者はそれなりに遇されていたことがわかる。

勝野が五課で机を並べた嘱託たちは、高谷覚蔵のほか、馬場秀夫（東京日日新聞モスクワ特派員、のち日本社会党代議士）、原善一郎（上海交響楽団主事、山田耕筰マネージャー、コロムビア文藝部長）、岡田桑三《そうぞう》（俳優、のち映画プロデューサー）、吉村柳里《りゅうり》（ニコライ堂宣教師）ら多彩な顔ぶれだった。これらの人々のグループに、やがてリュシコフも加わる。

偕行社での暮らしが三ヶ月ほど続いたあと、リュシコフにやっと家らしい家が与えられた。甲谷の計らいだ。場所は東京・神楽坂を上り詰めた牛込・赤城神社下にあたり、三階建ての洋館と別棟の平屋からなる豪壮な屋敷だった。洋館には夫婦で住み込んだ者を含む麹町憲兵分隊の隊員が常時最低二名詰めており、リュシコフは平屋に暮らした。手当も将官クラスの金額が支給された。甲谷は当初、白系ロシア人女性を身の回りの世話役に充てようとしたが、リュシコフに拒否された（ノックス前掲書）。そこで、山王ホテルの名義で日本人の家政婦を募り、元女学校教師で三〇過ぎの女性を採用したものの長続きしなかった（西野前掲書）。そのあとに配置されたのは、三八歳のリュシコフよりやや年上でロシア語が分かる樋口美代だった。「梅子」と表記する文献もある。同棲含みであることも了解していたという。親兄弟も子もない独り身。ミッション系女学校を出ていたというが、そこが横浜のフェリスなのか、あるいは普連土《ふれんど》か、二説あってはっきりしない。どちらも御嬢様学校として聞こえていた。そんな彼女が六年数ヶ月、リュシコフと同居することになる。

樋口には、『内から見た謎のソ聯』と題する自著がある。それによると、彼女はもともと、横浜の輸入雑貨の会社に勤務するイギリス人の妻だった。正式に入籍しており、したがってイギリス国籍だった。関東大震災で夫の会社が立ち行かなくなり、新たな収入源を求めて夫はアメリカに向かったが、樋口は同行しなかった。以前に通算八年の滞米経験があり、その時の印象が悪かったからだ。四、五年経つうち夫からの連絡は途絶え、女ひとり食べていくため、駐日ソ連領事が募った現地雇員の日本語教師に応募し採用された。当然、特高警察に監視される身となったが、ソ連の在外公館に職を求めたのは純粋に自活の目的からで、政治的動機はなかった。やがて「ミシヤ」という同国通商代表部員と恋仲になる。帰還命令が出た「ミシヤ」に従って、彼の新たな赴任地ウラジオストクに渡り、事実上の夫婦として暮らした。現地滞在三年目となる三五年春、樋口は知人に紹介され、東洋研究ではソ連屈指の極東大学で日本語講師として働き出す。しばらくは平穏な日々が続いた。三七年五月、ハバロフスク教育本部からの通達で大学の日本語実習が突然廃止された。大学は樋口に馘首を言い渡した。樋口からその背景を問い詰められ、大学側は答に窮したという。

現地の日本人に対する当局の風当たりは強まっていた。大学では防空演習が行われ、防毒マスクまで配備された。六月一五日の深夜、ＯＧＰＵ（チェーカー）の要員が自室に踏み込み、「ミシヤ」に勾引状を示して、その執行を告げた。家宅捜索が朝まで続いた。容疑は不明だが、おそらく「人民の敵」条項の気まぐれな適用だ。日本人配偶者の存在が大きいと聞いた。樋口は「ミシヤ」の逮捕に連座させられることはなかったが、収入源を断たれたまま一人残された。夫に面会しようと手を尽くしても、冷たく追い返されるばかりだ。助力を期待してモスクワのイギリス大使館に連絡を試みるが、出した手紙が途中で没収されるなど首尾よくいかない。やかて自分自身の滞在許可期限も過ぎて困り果て、何の目算もなく日本の総領事館に駆け込んだところ、意外にも親切な扱いを受けた。下働きとして敷地内の官舎に住むのを許され、長く待たされたが、翌年夏、どうにか帰国することができた……。

樋口美代

参謀本部のある関係者は、「なかなか阿婆《あば》擦《ず》れ女でね」と片づけている。甲谷が重要な亡命者の同居相手に、身持ちの悪い女性を充てるとも思えないから、個人的な印象批評だろう。人当たりがよく開けっぴろげな性格で、外国人には向いていた、との評もある。

リュシコフの周囲にいた者のなかで、過去に樋口と面識があった人物が一人だけいた。勝野金政だ。片山潜の私設秘書時代、勝野はモスクワで経済外交官を育てる機関の日本語講師を務めたが、その教え子で「シマノフ」と呼ばれていた学生が「ミシヤ」の正体だった。勝野の理解では、「シマノフ＝ミシヤ」は留学先の東京で見染めた樋口を祖国に連れ帰り、モスクワで新婚生活を送っていた。一方、樋口の説明によると、「ミシヤ」とはウラジオストクで所帯を持ち、以来、八年に及ぶソ連での暮らしはずっとウラジオストクだった。モスクワには三六年の大学の夏休みに、一人で知人を頼り見物に行ったきりだという。しかし、勝野がまだ自由の身だった三〇年夏以前に、〈教師と教え子の妻〉という関係からモスクワで樋口に会っている以上、樋口の記述は分が悪い。樋口をめぐる第一の謎は、モスクワでの居住歴をなぜあえて隠す必要があったかだ。

勝野は樋口との関わりをリュシコフには一言も漏らさなかった。そのかわり、「参謀本部があてがいぶちの女を押し付けた」、「シマノフの女とくっつけられた」という割り切れない感情を抱え続けた。リュシコフから、自分自身で選んだ日本女性と結婚して帰化したいと相談を受けていたからだ（「参謀本部のなかで」）。

樋口の体験は、あの時代の日本女性としてはたしかに稀有だ。ただ、たとえそうだとしても、婦人雑誌の投稿で注目されたわけでもなく、かといって勝野や高谷のように隣国の暗部を知り抜くセンセーショナルな帰国者とも違う無名の女性が、版元としては一流の新潮社から、エッセイ風のソ連滞在記をいきなり単行本の形で出せるものなのか。しかも本の装丁は佐伯米子《さえきよねこ》が担当している。二科展やパリの著名な展覧会サロン・ドートンヌの入選歴を持ち、洋画壇に名声を確立していた人物だ。これが第二の謎だ。序文によれば、自分には政治、経済、軍事の専門知識はまるでないが、「世界赤化を企てている、恐るべき謎の国ソ連の社会状態というものは、実はこうなんだ」ということを日本の人々に知らせたい一心で筆を執った。そして、「戦時日本のために、何らかのお役に立てば、望外の光栄」と記しており、執筆動機はかえって政治的に思える。

頼るべき親戚もいない彼女に、大手出版社と繋がる有力な後ろ盾があったとも思えない。考えられるとすれば陸軍の線だ。樋口の記述によると、彼女は匿われていたウラジオストクの日本総領事館で、モスクワ駐在陸軍武官を命じられ赴任途上の某「大佐」を紹介されている。粛清で武官事務所のロシア人スタッフ三人のうち二人までが逮捕され、人手が欲しかった「大佐」は樋口に自分の下で働く気はないかと誘いかけた。総領事館で籠の鳥になったたまま帰国の目処が立たなかった樋口が、「大佐」の厚意に甘えようとモスクワ行きを決意した矢先、ソ連側から半ば国外追放のように日本へ向かう船に急遽乗るよう迫られ、それきりになっていた。

ちなみに、当時のモスクワ駐在武官は、勝野を参謀本部に誘った土居明夫だ。発令は三八年一月で、本文中の「大佐」の「赴任」とは一致しないし、階級も五月末時点ではまだ「中佐」だ。ただ、軍隊事情に疎い樋口が、一時帰国から任地に戻る土居を「赴任する大佐」と誤解した可能性はある。

土居に限らず、駐ソ連大使館付の陸軍武官、あるいは武官補佐官ともなれば、参謀本部のソ連情報担当者と深くつながっていて当然だ。ロシア語ができる独身女性が帰国するとのウラジオストク雑報は、折からリュシコフの自立生活の準備にかかっていた甲谷の耳にも入った。寝起きを共にしてくれる女性は複数の候補から絞り込むのが望ましく、樋口の浮上は渡りに船だったろう。

想像をたくましくすれば、ソ連滞在記の出版を樋口自身が強く望んだため、甲谷が取り成しの一環として上梓の御膳立てを引き受けたと考えられなくもない。ただ、それ以前もそれ以降も、樋口に文筆で身を立てようとした気配がないのは不自然だ。また、著書の上梓が、ちょうどリュシコフが赤城神社下に独立した家を構えるタイミングと符合しているのも気にかかる。もう一点、刊行された本の冒頭には、著者自身の大写しの写真が掲載されている。本が不特定多数に広く読まれるとなれば、当時の国内の空気からして、時の人としてチヤホヤされるより、かえって世間を狭くするのは必定で、本人のプラスにはならない。実際のところ、彼女の著書は県レベルの図書館に広く蔵書として採用されたほか、本文の一節は右翼団体の反共パンフレットに引用されたりしている。

記述から窺う限り、樋口に論壇の寵児になろうとする強い願望があったとは思えず、むしろ自分自身に、いたって冷めた目を向けていた気がする。モスクワ駐在武官事務所で働く決意を固めたのも、身寄りのない四〇過ぎの女が一人、戦時体制下の日本で再出発するのは容易ではない、と冷静に判断したからだ。では、いったいこの出版の真の目的は何か。これは第三の謎だ。

三、大酒と漁色のスパイ

二〇二二年二月、「特別軍事作戦」の名目でウクライナに侵略戦争を仕掛けたロシア大統

リヒャルト・ゾルゲ

領ウラジーミル・プーチンは、二〇〇〇年に大統領の椅子に座って以来、実質的に権力を握り続け、批判勢力の無力化にもことごとく成功してきた。その間、彼はロシアをかつてのように世界のスーパー・パワーへ復帰させたいと夢想するようになった。それを実現するには国民統合の強化が前提となる。現代史家の大木《おおき》毅《たけし》によると、プーチンは現代ロシアの公式な歴史見解を旧ソ連のそれに同化させることで、国民の統合を強めようとした。「『特別軍事作戦』はＮＡＴＯの侵略から国を守る防衛戦」、「ウクライナはＮＡＴＯの手先」、「ナチスの亡霊と戦え」といった、自由世界の人間には噴飯ものの現状認識は、ソ連時代の「大祖国戦争」をイメージとして喚起させるのが狙いだろう。そのプーチンはＫＧＢの出身だが、大統領就任後に、モスクワ郊外にあるゾルゲの記念碑を献花に訪れ、インタビューで「高校生の頃ゾルゲのようなスパイになりたかった」と明かした（『選択』二〇二〇年一二月号）。事実上の絶対君主のこうした好みは、モスクワの地下鉄新線に「ゾルゲ駅」が誕生したり、各都市に「ゾルゲ通り」ができる形で、いまを生きるロシア国民の間に浸透してきているようだ。

情報戦という観点で見ると、ゾルゲが世界史を左右しかねない重い任務を託されてスパイ活動を展開していた日本に、リュシコフが亡命してきたことは、偶然とはいえ、後述するようにソ連にとっては不幸中の幸いだった。

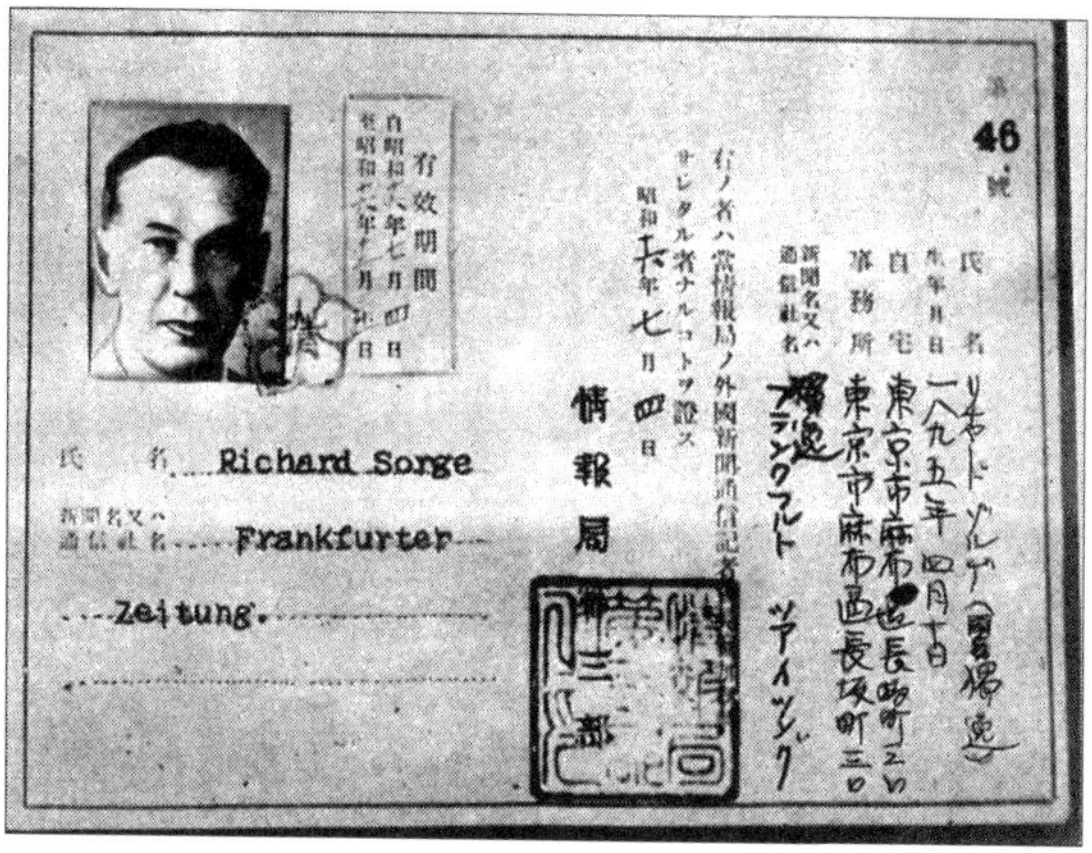

ゾルゲの身分証

　ドイツ人を父に、ロシア人を母に持つゾルゲは、第一次大戦にドイツ皇帝の臣民として志願して前線に立った。戦傷と病院送りを繰り返すうち次第に共産主義思想に接近し、フランクフルト大学社会学部助手の肩書を持つ頃にはすでにドイツ共産党員だった。経済学者の卵としては、ローザ・ルクセンブルグの影響を色濃く受け、モスクワ寄りの人間の受けは良くなかったが、アナリストとしての高い能力はコミンテルン幹部から注目されていた（加藤哲郎「ゾルゲ・尾崎墓参会」講演記録）。一九二四年に開かれたドイツ共産党大会で、ゾルゲは来賓として出席したコミンテルン代表団の接

マックス・クラウゼン

ブランコ・ド・ヴーケリッチ

客員を仰せつかり、それが縁でモスクワのコミンテルン本部に誘われ働き出す。上層部の推薦で党籍をドイツ党からソ連党に改めた。その後、赤軍参謀本部第四局（GRU）の海外工作員に任用される。同本部は元来NKVDとは別個の諜報機関だ。腰を据えての初仕事は中国行きで、上海を根城に蒋介石と中国共産党との関係、日中戦争の可能性などを探るなかで、「ゾルゲ諜報団」の組織化を成し遂げた。しかし、上海租界のイギリス警察にスパイの嫌疑をかけられ、いったんモスクワに逃れた。モスクワでは上海での活動を高く評価され、再び派遣された先が日本だった。日本行きは本人の希望だったという。

東京へ向かうルートは西廻りを選んだ。まずドイツに立ち寄り、ナチ党の入党申し込みを済ませ、在日ドイツ大使館への紹介状を取得した。ドイツから派遣されたジャーナリストを装うための準備も怠らなかった。大西洋を渡ってニューヨークに入り、シカゴを経由して、カナダのバンクーバーから三本煙突の巨大客船に乗り込んだ。船名は「ロシア女帝」号。偶然にしては出来過ぎている。横浜着は三三年九月。ゾルゲが東京の第一夜を山王ホテルで迎えたことはすでに述べた。

リュシコフが亡命した当時、東京版「ゾルゲ諜報団」はすっかり出来上がり順調に機能していた。ゾルゲをトップとして、フランスのアヴァス通信記者を装うユーゴスラビア人のブランコ・ド・ヴーケリッチ、オートバイ輸入とコピー機製作の会社を隠れ蓑にしたドイツ人の通信技師マックス・クラウゼン、そしてゾルゲとは上海時代からの盟友で、日本政界にパイプを築いた尾崎秀実（朝日新聞社を経て満鉄調査部）が核となり、それぞれの役割を果たす形だ。一方でゾルゲは、愛国的なドイツ人ジャーナリストに成りすまし、在日ドイツ大使館に自分を高く売り込むのに成功していた。特に、二・二六事件の勃発に戸惑う大使館に、精緻な背景分析と日本外交の変化予測を提供し、評価を不動のものにした。大使館付武官で、親密な仲だったオットーが大使に昇格すると、情報顧問の役割を担うまでになり、大使館内に部屋を与えられた。日独の同盟関係から同館に流れてくる日本側の非公開情報も

尾崎秀実

それほど苦労せずに入手できるようになった。

たしかにゾルゲはスパイとして超一級の存在だったが、そんな人物といえども、身分を偽って暮らす精神的重圧からは逃れられなかった。ゾルゲはしばしば浴びるように酒を飲んだ。度を越した漁色もそうだが、息苦しくなるような日々のストレスに耐えかねたせいに違いない。

イギリス人ジャーナリストのオーウェン・マシューズによれば、三八年五月、つまりリュシコフ亡命のひと月ほど前、ゾルゲは銀座で行きつけの料理店「ラインゴールド」でドイツ人の友人としたたかに飲んだ。友人をオートバイで送っていった先のホテルで今度は一人でウィスキーを一本空け、泥酔状態で帰宅途中、運転を誤って霊南坂《れいなんざか》のアメリカ大使館近くの石垣に猛スピードで激突した。築地の聖路加国際病院に運び込まれたとき、ほとんど意識朦朧の状態で、頭蓋骨にはヒビが入り、あごの骨が砕け、歯などひとたまりもなく折れていた。それでもゾルゲは、自分のポケットのなかに、まだ暗号化されていない極秘の英文メモという「爆弾」があるのに気づいた。人を介してクラウゼンを危険承知で呼び寄せてメモを渡し、留守宅の鍵を預けて入念な「清掃」を指示した。家に無造作に残してきた書類などが第三者に見つかれば、スパイとしての命脈はそこで終わるところだった。

ゾルゲは退院後、過去に密かな愛人関係にあった大使夫人の未練に付け込み、ドイツ大使館のなかで手厚い看護を受けながら回復を待つことになる。大怪我はゾルゲの顔つきまで一変させた。それでも、のちに内務省警保局が把握したところでは、六月三日には早くも大使館付武官のショルから、日本陸軍上層部の人事情報を聞き出す形で、個人としてのスパイ活動を再開させている（白井久也『米国公文書　ゾルゲ事件資料集』）。リハビリの場として大使館に居続けられる環境は願ってもなかった。

ここで当時の日独関係について少し補足したい。両国は第一次大戦で敵味方に分かれ、戦後もドイツにナチ党政権が誕生するまでは疎遠だった。風向きが変化したのは、共産党独裁のソ連が国際社会で存在感を増し、それが日独両国にとって共通の波乱要因として強く意識されるようになってからだ。日独防共協定には双方の国内に反対論があった。日本の場合、イギリスとの関係悪化を懸念する声だった。それを押し切って協定が締結されるのは三六年だ。後述するノモンハン事件さなかの三九年八月、日本に一片の通知もなく独ソ不可侵条約が結ばれたため、日独の防共協定は一時空文化した。ただ、リュシコフ亡命事件の発生はその前年であり、両国の関係は軍部を含め全般に蜜月状態と言えた。

ゾルゲは逮捕送検後の四二年三月、吉河光貞《よしかわみつさだ》検事による第三九回尋問で、リュシコフ関係について集中的に訊かれている。検面調書から類推すると、亡命事件の発生は、驚くべきことにリュシコフの身柄がまだ琿春にある時点で、在日ドイツ大使館に嗅ぎつけられていた。それに関してゾルゲは何も語っていない。通報したのは、ジャーナリストの身分でたまたま琿春に居合わせた、ドイツ特殊秘密機関アプヴェーアの諜報員イヴァル・リスナーという人物にほぼ間違いない。戦後西ドイツの研究のなかには、「リスナーは現地でリュシコフ尋問の通訳を務めた」とするものがあるようだ。のちに滞在先のハルビンでソ連側と通じたとして、駐日ゲシュタポ代表からスパイ容疑をかけられ東京憲兵隊に売られるリスナーは、ドイツとソ連を往復して暮らした時期があり、実際、ロシア語が堪能だった。とはいえ、日本語が話せた記録はなく、まして関東軍将校も同席する尋問で通訳を任されたとは到底考えられない。それでも、短期滞在の身で現地特務機関の異変を察知し、わずかの間にその理由に行き着いたとすれば、それなりの手腕の持ち主だ。逆に、厳秘扱いしていた聴取を、部外者に容易く感づかれた特務機関の防諜体制はどうなっていたのか。

東京のショル武官は満洲の辺境から届いた不確実な通報を無視しなかった。ひょっとすれば、ソ連国内の裏事情を聞きだす絶好のチャンスになるかもしれないと判断し、ベルリンにその旨を打電した。自らがスパイの経歴を持つドイツ特殊秘密機関アプヴェーア機関長カナリス提督はこれに直ちに呼応し、特使を日本へ向かわせた。

特使来日までの間、ゾルゲは日本の参謀本部からショルが掴んでくるリュシコフ関連の断片情報を三、四回に渡りモスクワに打電した。

ドイツ側の前のめりな姿勢とは対照的に、ゾルゲ自身はリュシコフという人物にそれほど「興味を持たなかった」と検事に述懐している。なぜなら、スターリンの反対派を名乗るのは自分を高く売るための虚飾に過ぎず、裏切り者にありがちな言い訳に思えたというのだ。この不自然な供述にはカラクリがある。ゾルゲは、リュシコフの暴露した赤軍の弱体化と内部の大混乱が本当だとすれば、それに乗じて日独が共同でソ連に攻め込むのではないかと恐れた。そこで、リュシコフという人物は信用できない、とドイツ側に印象付けることで、両国の企みを阻止しようとした。

カナリス提督

ドイツ特殊秘密機関アプヴェーアの特使グライリングが来日すると、参謀本部はリュシコフとの長時間の面談を許した。リュシコフは問われるまま、機微に渡る軍事情報を披瀝し、粛清に伴う国内各組織の激変ぶりについても同様にあけすけに話した。その場に立ち会ったショルの口から、ゾルゲはまた情報を聞き出した。反ユダヤ主義国家への協力に、ユダヤ人として一片の躊躇もなかったとは思わないが、「敵の敵は味方」と割り切ったのだろうか。大使館内でゾルゲはこの特使と数回顔を合わせたという。ロシア語のうまい陸軍大佐という印象があるだけで、名前までは憶えていないと供述している。

四、ノモンハン事件――ゾルゲの罠

張鼓峰事件が収拾されても、スターリンがリュシコフに向ける強い警戒は一向に緩まなかった。「ドイツ特殊秘密機関から派遣された特使は日本の参謀本部から亡命者に関してどんな報告を受けたか。リュシコフとの面談で何を耳にしたか」、あらゆる努力を払い、情報収集するよう求めるゾルゲ宛ての指令が、クラウゼンの無線機に入電したのは一九三八年九月。この指示にゾルゲは頭を抱え込んだ、とクラウゼンは供述している。

グライリング特使は、リュシコフとの面談内容をタイプライターで数百ページに及ぶ詳細な報告書にまとめ、その写しを在日大使館に残していた。これをゾルゲは親友付き合いのショル武官から見せてもらい、「重要と思われる部分」の「半分位」を、隙を見て盗撮しモスクワに送った。三九年の初め頃だというから、モスクワに督促されてからずいぶん時間がかかっている。ここに至って、ゾルゲは初めてリュシコフの知見と思想の全容を知ることになった。

ソ連国内で粛清の嵐が吹き荒れ混乱が広がっていたことは、もちろんゾルゲの耳にも入っていた。だがそれは、リュシコフが秘密警察、政治警察の高官として把握した、権力構造の奥深いところでの地殻変動に比べれば、ごく皮相なものだった。ジャーナリストの白井久也は、ゾルゲがリュシコフの陳述から大きなショックを受けていた可能性に言及している。リュシコフが描き出したグロテスクに変わり果てた祖国の姿こそ、ゾルゲがそれまであえて目を背けようとしてきた現実だった。もしリュシコフの現状分析（＝ソ連邦論）が的を射ているなら、それをモスクワに伝えたところで、受信先には自明のはずだ。実際、指示通りリュシコフ関連情報を送付してもモスクワの反応はいかにも鈍い。不安に駆られたゾルゲがあえて問い合わせると、「全て知らせよ」とモスクワからそっけない返信があった。

こうしたモスクワの冷淡さについて、研究者からひとつの仮説が提示されている。ソ連崩壊後に公開された赤軍情報当局（ＧＲＵ）上層部の秘密文書を踏まえたものだ。それによれば、ゾルゲがモスクワに通報したリュシコフの辛辣なスターリン批判、とりわけ大粛清に関する言説に、他ならぬ独裁者本人が立腹したことの反映だったという。しかもこの一件は、スターリンがゾルゲに対して、猜疑を募らせる契機にもなった（清水亮太郎「ゾルゲ事件と関特演」）。

参謀本部は当初、リュシコフがもたらした満ソ国境のソ連側兵力、装備の厚さに驚愕する。だが、粛軍テロルの影響でブリュッヘルの軍隊のうち、指揮官の四〇%、参謀の七〇〜八〇%が逮捕されており（秦前掲書）、組織が機能不全に陥っている、との分析のほうに目を奪われた。言葉を替えると、兵力、装備の格差のほうは都合よく忘れ去った。張鼓峰事件で「負けなかった」という認識は、参謀本部に妙な自信を植え付けた。同時に、ソ連軍に対する過小評価を固定化させた。間違いのもとはそこにあった。

たしかにリュシコフが分析した通り、ソ連軍の作戦遂行能力はとことん低下していたから、犠牲も多く出る。かといって、独裁国家にとって損耗した兵員の補充など時間の問題だ。また、農民を犠牲にして工業化に狂奔した二期にわたる五カ年計画がさすがに一定の成果を生み、機械化部隊の増強、装備の刷新も進み始めていた。その兆しはすでに張鼓峰事件にも表れていたが、「妙な自信」に目を曇らせた日本の作戦参謀たちは見逃していた。

特に、張鼓峰事件で主役の座を逃した関東軍には、弱体化著しいと伝え聞くソ連軍をなぜ一気に叩かないのか、との主戦論が燻っていた。三九年五月、満洲国とモンゴル人民共和国の国境に広がる大草原で、「局地戦争」と表現して一向に誇張でない規模の武力衝突が勃発する。ノモンハン事件である。戦闘は第一次、第二次に及び九月まで続いた。

ノモンハン事件

端緒となる小競り合いは満洲国軍とモンゴル軍の間で始まったが、両国はそれぞれ日・ソの傀儡国家であり、まもなく双方の後ろ盾が前面に出て関東軍対赤軍の構図となった。

日露戦争に敗れるまで帝政ロシアは、モスクワを模して計画的に建設した北の都ハルビンから、黄海に面した南の旅順要塞に至るまで、全満洲を勢力下に置いていた。スターリンに失地回復の思いはあったが、国内の経済建設を最優先するため、表向きは満洲国にも、その後ろ盾である日本にも宥和策をとった。北満鉄道（中東鉄道）の満洲国への金銭譲渡や、日本に対する不可侵条約の提案

石原莞爾

などがその例だ。あくまでも密かに満洲の赤化工作を進めながら、バイカル湖以東の戦力増強を地道にすすめた。その結果、軍事史に詳しい秦郁彦《はたいくひこ》によれば、三六年末には歩兵だけでも十六個師団（約三〇万人）に達し、朝鮮軍、関東軍を合わせた日本の五個師団基幹（約二二万人）との比較で優位に立ったばかりか、戦車では八倍、軍用機は五倍と圧倒的な差をつけた。当時、参謀本部作戦部長だった石原莞爾は、「驚くべき国防上の欠陥」と嘆いたが、日中戦争の開戦を見届けたソ連は、蒋介石政府と不可侵条約や軍事航空協定を結び、一転して日本への対決色を滲ませた。日中戦争は終わりが見えず、日ソの戦力差はむしろ開くばかりだった。

関東軍作戦参謀の辻政信が、まだ琿春にあったリュシコフの身柄を朝鮮軍と争い、わずかの差で敗れたことはすでに述べた。その辻はノモンハン事件直前の三九年春、バイカル湖以東の関東軍と赤軍の戦力差を一対三と読みながら、相変わらず強気を崩さなかった。強気の根拠として考えられるのは、やはり「マラトフ情報」だ。粛軍テロルによって熟達の指揮官や参謀の多くを失った軍隊に、いくら兵士をかき集めても、戦闘能力は高まらない。戦場での的確な情勢判断や組織統率の手腕、将兵の士気などが元通り回復するには相当な時間がかかる……、そう見たのだろう。また、ソ連国内の大粛清が傀儡国家のモンゴルにも波及し、三七年から始まった首相、国防相、参謀総長、軍団長らの処刑が三九年になっても止まないことも、辻ら対ソ（蒙）強硬派の思い込みを助長させていた。その思い込みはついに「満ソ国境紛争処理要綱」となって表れる。国境線が不明確なら自主的に認定して防衛する、という身勝手な論理だった。ちなみに満ソ国境は延々約三〇〇〇キロにも達する。

ノモンハン

「幕僚中誰一人ノモンハンの地名を知っているものはない。目を皿のようにし、拡大鏡を以て……漸くノモンハンの地名を探し出した」。武力衝突の一報を受けた際の辻のこの回想は、ノモンハンが満洲国の防衛戦略上、無価値に等しい場所だったことを如実に物語る。自然環境も過酷で、昼夜、夏冬の寒暖差が激しく、蚊の大軍にも悩まされる。戦場の取材に来た某外国人特派員は「なんという荒野だ。こんな土地に五ドルだって払うつもりはないね」と捨て台詞を吐いた（秦前掲書）。ちなみに「ゾルゲ諜報団」のヴーケリッチも陸軍情報部の招待で戦場取材に参加していた。

ノモンハンで武力衝突が勃発したのは、リュシコフが日本に亡命し、直後に張鼓峰周辺の満ソ国境を巡って両国が戦火を交えた翌年だ。当然相手は、張鼓峰事件の教訓を活かして次の手を打つ。まして、在日ドイツ大使館から絶大な信頼を得ていたゾルゲの働きによって、リュシコフが日本側に伝えた満ソ国境周辺の赤軍の配置、装備、暗号、兵力の分布などは、モスクワの赤軍参謀本部に打電され筒抜けになっていた。赤軍が関東軍の裏をかこうとして、対応を加速させていたのは言うまでもない。また、「ゾルゲ諜報団」の一人、宮城与《みやぎよ》徳《とく》が掴んだ関東軍の動員と部隊の派遣に関する情報もモスクワに達していた。リュシコフがノモンハン戦の半ばに執筆した論文「極東赤軍論」で、粛軍テロルによる戦闘能力の壊滅的低下を相変わらず言い募っていたように、日本軍の対敵諜報活動は空回りするばかりで、その成果がリュシコフにフィードバックされることはなかった。当時、参謀本部の作戦課長に、戦闘の中止を求めて物申した参謀は、ロシア班長の甲谷悦雄だけだったというが、その甲谷にしても、論点は天皇の裁可を受けない、なし崩し的な武力発動の違法性と、紛争拡大の恐れだった（クックス『ノモンハン〈1〉』）。

ソ連は日本とノモンハンで戦火を交えながら、蔣介石政府支援のための手を次々と繰り出した。三九年六月、中ソ通商条約が結ばれた。ソ連が中国に軍需物資、自動車、石油製品を供与する秘密協定も締結された。孫文の長男で国民党政府の外交をリードした孫科《そんか》が中国代表として交渉にあたった。通商条約調印を祝うモスクワの晩餐会で、スターリンは孫科にノモンハンの戦況を得々と解説した。孫科は、ブリュッヘルを再び軍事顧問に迎えたい、との蔣介石の希望を伝えた。これに対し、スターリンは「その好色によって敵の奸計に落ち、機密を漏洩し、規律を損なった」ので、法に照らし処刑済みであると述べた（麻田雅文『蔣介石の書簡外交　上巻』）。

ノモンハンでの応酬が続くなか、八月に結ばれた独ソ不可侵条約で、ソ連はとりあえず欧州側の守りを気にせずに、戦力を満ソ国境に集中できる余裕を得た。日本がその兆候を先取りできていれば、満・蒙の間でいざこざがあったにしても、早い段階で紛争不拡大の方向に舵を切ることができたはずだ。実は春先から、在独日本大使館付海軍武官やイタリア大使から独ソ急接近の兆しを伝える情報が東京に上がっていた。勝野を参謀本部に引き入れた土居明夫は当時モスクワ大使館付武官で、六月にシベリア鉄道を利用した際、機械化二個師団が西から満蒙方面に送られているのを視認し、関東軍司令官に報告している。そうした種々の警鐘は、情報軽視の悪弊が蔓延《はびこ》る参謀本部の体質から、政策や作戦にまったく反映されなかった。前線で予想もしないソ連の大戦車軍団に遭遇した日本の歩兵は、サイダー容器を再利用した火炎瓶で対抗するしかなかった。ソ連側は偽電文、偽電話を盛んに日本側に傍受させ動きを翻弄した。

戦時中の日本では身びいきの戦果発表が当たり前だったが、唯一例外に近いのがノモンハン事件だった、と軍事史家の秦は言う。死傷者、戦病死者あわせて約一万八〇〇〇人という数字は、四五年の敗戦後に再調査した詳細なそれとほぼ変わりなかった。一方、ソ連側の数字は東京裁判の過程で九〇〇〇人以上とされたため、日本の人的被害はソ連の二倍という理解が独り歩きした。陸軍中央が「大失態」と総括し、植田関東軍司令官らが詰め腹を切らされた事実を別にしても、戦後の日本では関東軍の惨敗という受け止めが定着した。

ソ連崩壊に伴い、事件当時の国防人民委員ヴォロシーロフや、ブリュッヘルに頼られ極東戦線軍（ＤＶＦ）を率いたシュテルンらの報告書などが続々と明らかになった。新発見史料を踏まえて、あるロシアの軍事史家は、ノモンハン事件の死傷者数を二万五六五五人と弾き直した。東京裁判に出た数字の三倍近い。これを受け、日本では互角説、辛勝説が台頭した。秦は、「今や人的損害の面ではソ連軍が日本軍を上回ったのは確実と判定してよい」としているが、もちろん勝敗自体を指しているわけではない。

ノモンハン事件終盤の戦いで日本側は、二重スパイにも翻弄された。在ハルビンソ連総領事館の副領事を関東軍は密かに日本側スパイとして取り込み、絶対的な信頼を寄せた。彼からの内通は「ハルビン機関特別課報」、略称「ハ特課」と名付けられた。辻政信らが指導する作戦課は「ハ特課」を踏まえて計略を練った。だがこれには、事実と虚構が見分けのつかない形で混ぜられていた。「補給が困難になる模様だ」とか、「ソ連軍が越冬の準備を始めた」という誤った情報を入れて油断させたところで、ソ連側は総攻撃に打って出た（永井靖二「砂上の国家――満州のスパイ戦」）。

ノモンハン事件でソ連軍の捕虜になる日本兵

ゾルゲ事件の公判を主任検事として担当した吉河光貞は、ノモンハンでの日本軍の作戦行動全体を総括して、「リュシコフ情報に基づくこの作戦が失敗したのは、ゾルゲが日本によるソ連軍事力評価をモスクワに送ったためだ」と明快に指摘した。また、晩年の吉河は、リュシコフ関連情報の盗み出しに関して、「モスクワのためにゾルゲが日本で果たした八年間の活動の中でも、最大の功績の一つである」と断言している（ワイマント『ゾルゲ　引裂かれたスパイ』）。当のゾルゲ自身、友人付き合いの駐日ドイツ大使オットーに「リュシコフによる、いわゆるソ連軍の弱体ぶりについての供述はいまや偽情報であることが暴露された」と漏らしていた（杉之尾宜生「情報敗戦」）。いずれにしろ、「防諜知らず」で「情報音痴」だった関東軍の幕僚に振り回され、見渡す限り身を隠す森も林もない僻遠なノモンハンの荒野に、若い命を散らせた将兵こそ浮かばれなかった。

五、「二重スパイ」の孤独

ゾルゲが東京に着任して一年後、スウェーデン貴族出身との触れ込みでやってきた独身女性が日本文化にすっかり魅了されて帰国し、その感動を綴った著書を手土産に、一九三六年の秋に再来日した。それがトピックとして新聞記事になり、中央紙が彼女の寄稿文を掲載するなどしたため、ちょっとした時の人になった。華奢ながら美貌の持ち主の「エリザベート・ハンソン女史」は三七歳と報じられ、帝国ホテルに滞在したあと、九段にあった豪華マンション「野々宮アパート」に腰を据えて、日本でも最上流の人々の社交の場を泳ぎ始めた。皇居の園遊会に招かれ、秩父宮と親しくなったほか、昭和天皇主催のレセプションにも出席していた。ところが、彼女の正体は赤軍参謀本部第四局（GRU）の諜報員だった。本名はアイノ・クーシネン。スウェーデン貴族とは縁もゆかりもないフィンランド人で、しかもコミンテルン幹部会員の夫を持ち、実年齢は五〇歳。朝日新聞やジャパンタイムズの記者を水先案内人よろしく利用しながら、東京でスパイ活動を行っていた。日本で「ハンソン女史」の素性を知る人間が一人だけいた。同じGRUに所属し、彼女とモスクワの間の連絡役を命じられたゾルゲだが、自分の諜報団とは一切関わりを持たせなかった。三七年秋、アイノとゾルゲは共にモスクワから召還される。実は、NKVDの防諜部門は帰還した場合の逮捕をGRUに要求していた。そうとは知らない二人は話し合い、アイノは召還に応じることにし、ゾルゲは「今はどうしても帰国できない」と願い出て従わなかった（白井久也『国際スパイ・ゾルゲの世界戦争と革命』）。

アイノ・クーシネン（1965年）

ジャーナリストのロバート・ワイマントは、こ

オットー・クーシネン

のときすでにゾルゲは「ソ連への疑惑と恐怖を胸に秘めて」いたと推測しているが、東京での任務に一層の可能性を見出していたのもたしかだ。二人の運命はここから分かれる。アイノは帰国後間もない三八年の最初の日に逮捕され、極北のラーゲリに送られた。

逮捕後のアイノは拷問され、夫であるコミンテルン幹部オットー・クーシネンの反ソ陰謀を認めるよう責め立てられたが認めなかった。お陰で夫は順調に出世を重ねる。ただし、妻アイノを見捨てたままで。同時に、アイノはゾルゲのドイツ・スパイ疑惑についても詰問され、これには「ダー」と首を縦に振ったに違いない……。そう研究者の加藤哲郎は推測する。ゾルゲを日本に派遣した管理者のベルジンやその後継者ウリツキーは、ともに反逆者としてNKVDに銃殺されている。ゾルゲが二人から厚い信任を受けていた事実を突きつけられ、抗しきれなかったのだろう、という見方だ。

オットー・クーシネンは、片山潜とはごく近い関係の実力者で、勝野金政がソ連に入国してきた際の身分保証は、片山がオットーに推薦状を一通書き送るだけで事足りていた。オットーはまた、ドイツ共産党員時代のゾルゲと出会ってコミンテルン移籍に道を拓いた人物で、日共との関係では「三二年テーゼ」(天皇制打倒を強調)の起草者といわれる。アイノについて付け加えれば、終戦の一年後にラーゲリを出所したが、アメリカ大使館への接触が発覚して再逮捕、再服役。二度目の刑期を終えたあとも不遇で、熱望したフィンランド帰国は六五年まで果たせなかった。

スターリンの側近として大粛清を忠実に実行してきた内相(NKVD長官)エジョフの権力が三八年の夏、事実上、第一代理のベリヤに移ったことはすでに述べた。エジョフもまた粛清されたことは言うまでもない。それに伴い、緊迫した国際情勢に対応するとの名目で、ゾルゲが所属していた赤軍参謀本部第四局(GRU)はNKVDの管理下に移された。ゾルゲの立場はいっそう微妙なものに変化する。

NKVDの側から見たゾルゲ二重スパイ疑惑の核心は、駐日ドイツ大使との公私共に深い関係だった。ゾルゲは大使の信用を得るために、ソ連の機密情報の一部を流していた。一般に敵陣深く潜入したスパイは、自らの素性が露呈しないよう、ある程度の利敵行為をあえてやるものだ。前節で触れた「ハ特諜」のハルビン副領事にしても、それを繰り返し関東軍の信用を得た。ゾルゲのケースは、モスクワの管理者だったベルジンやウリツキーから了承を受けていたが、ベリヤの体制下ではそんな事情は考慮されなかった(白井『ゾルゲ事件の謎を解く』)。

赤軍直属のGRUをNKVDの管理下に収めた内相ベリヤの無理解と、スターリンから買った不興によって、ゾルゲは本国から試される身となった。彼は日本着任以来、無線通信では送れないマイクロフィルムや重要書類を、香港や上海で連絡員に渡していた。第二次大戦の勃発でそれも難しくなったのを受け、モスクワは四〇年一月、在日ソ連大使館の書記官「セルゲイ」と直に接触するよう指示してきた。それまでは、ソ連大使館との連絡はタブーとされていた。大使館員たちは日常的に日本側に監視されている。その一員とコンタクトすることは、スパイとして自殺行為に等しい。また、ドイツ大使館からも嫌疑を受けかねない。モスクワがあえてタブーを破らせたのは、ゾルゲ不信の表れだと白井久也は指摘する。たとえゾルゲがそれに同意していたにせよ、「セルゲイ」ら館員が諜報団関係者の居所を直接訪ねるという、あまりの杜撰さをどう捉えればいいのか。外交特権を持った安全な立場から、ゾルゲの忠誠心を徹底して試したのだろう。「セルゲイ」の正体はGRUの諜報員ヴィクトル・ザイツェフ。モスクワへの召還に応じたアイノ・クーシネンを「日本のスパイ」としてラーゲリに送り込んだ尋問者のひとりだった。

四〇年暮れに本国からゾルゲに下った活動資金削減指令も、モスクワの露骨な不信の表れだった。やむなく、月額五〇〇円を節約したが、出納簿の提出まで求められた。さらに、通信機材の部品購入費や予備金の設定も認められないという窮地に立たされた。白井は、研究者の笠間啓治の見解を引いて、ゾルゲの借家の隣にソ連側が大使館付のイワノフ武官邸を構えたのは、ゾルゲの身辺監視とも解すことができ、四一年一〇月一八日早朝のゾルゲ逮捕劇は、いち早く本国に通報されたはずだという。また、大使館員の「セルゲイ」は、ゾルゲ検挙後に慌ただしく離日しており、それは本国への報告のためだったのではないか、としている。

加藤哲郎によれば、ゾルゲはノモンハン事件の頃からたびたびモスクワに帰国の許しを求めるようになった。アイノ・クーシネンがたどった痛ましい運命や、リュシコフ供述に感じたある種の怯えが、ゾルゲの脳裏をよぎらなかったはずはない。それでも帰国を望んだのには、どんな理由があったのか。ある種の諦めに支配されていたのか。いや、悲観と楽観の間を揺れ動いていたと見るのが正しいかもしれない。ただし、ゾルゲの帰国は実現しなかった。モスクワが考えを変えたのだ。緊迫する国際情勢を睨めば、東京の情報ルートは一瞬たりとも閉ざせない。たとえ二重スパイからの発信であっても、情報に確度の高いものもあるのなら吟味して使えばいい、と。

一方、ゾルゲのなかで膨らんでいたもの、それは日本の防諜当局に捕まるかもしれないという強迫観念だった。自信家で強気一辺倒に見えた彼の精神は次第に蝕まれた。東京での愛人のひとり、石井花子の前で涙ぐみ孤独を訴えた。同じく愛人でハープシコード奏者のエタ・シュナイダーには追い詰められた者の恐怖を打ち明けている（ワイマント前掲書）。「ゾルゲ諜報団」の主要メンバー、ヴーケリッチの警察尋問調書には、諦観が滲むゾルゲの呟きを直接耳にした際の驚きが記録されていた。曰く、「モスクワに帰りたいが、現在のモスクワには『レーニン・グループ』が一人もいないので寂しい。自分が行けば『レーニン・グループ』最後の一人になるだろう。自分は日本にいたから粛清の犠牲になることを免れた」。ヴーケリッチによれば、ゾルゲは旧知の間柄で尊敬の対象だった党幹部ブハーリンが処刑されたときでさえ、スターリンを擁護した。それどころか、ソ連の体制に不信を漏らすゾルゲには一度も接したことがなかった。ちなみにワイマントは、ここで言う「レーニン・グループ」について、スターリンとレーニン後継を争って粛清された党の大物幹部らのことと解する。リュシコフの言う「正統派レーニン主義者」の意味ではない。

特高警察は四一年六月からソ連のスパイ網摘発に向けて本格捜査に着手した。そして、アメリカ共産党日本人支部にいて帰国した者のネットワークを突破口に、尾崎、ゾルゲへと迫っていった。ゾルゲの素性を怪しむ声はベルリンの国家保安本部でも上がっていた。身辺調査のため五月のうちにゲシュタポからマイジンガー大佐が日本へ送り込まれた。「ワルシャワの屠殺人」と綽名される冷酷な人物だったが、ゾルゲにまんまと丸め込まれ、本国にスパイの嫌疑を否定する報告を送っている。東京憲兵隊もゾルゲへの疑惑を深め、独自に監視を強化していた。しかし、マイジンガーがゾルゲの身元を保証したため動きを止めてしまった。

朝日の記者を辞め、満鉄調査部に籍を置きながら近衛総理ブレーンの一人となっていた尾崎秀実は、ソ連を守る立場からさりげなく南進論の旗を振った。中国問題専門家と目されていたから、彼の言動はごく自然なものに見えた。南進論は、九月六日の御前会議で国策として正式決定された。ゾルゲはこの重大情報を尾崎から聞きモスクワに通報したが、猜疑の人スターリンは必ずしも鵜呑みにはしなかった。そうとは知らないゾルゲは、最重要の懸案に答を出したのに満足し、半ば燃え尽き状態になっていく。日本脱出に向け動き出してはいたが、すでに遅かった。

在日ドイツ大使館関係者がゾルゲに寄せる信頼は絶大で、ゾルゲ逮捕にあたっては大使のオットーのほか、駐日ゲシュタポ代表のマイジンガーも外務省に抗議している。

ソ連は逮捕されたゾルゲを徹底して無視した。その存在さえ認めず、日本側から三度打診したとされる捕虜交換にも一切応じなかったといわれる。ゾルゲのほうは、送検後の調書から見る限り、死刑台に上る日まで、モスクワへの恨み事は口にしなかった。

刑死した尾崎が戦後まもなく、獄中書簡集の出版をきっかけに、「家族愛の人」としてある意味、復権を果たしたのに対し、ゾルゲの存在は祖国ソ連で長く忘れられていた。再評価の流れはフルシチョフによってつくられた。衝撃的なスターリン批判で世界をあっと言わせたソ連共産党第一書記は、岸惠子が出演し当時の夫イヴ・シャンピが監督した日仏合作映画『スパイ・ゾルゲ／真珠湾前夜』をたまたま観て心を動かされたという。

六、クリヴィツキー不存在説

絶対的指導者の自分や、ソ連という「革命の祖国」に弓をひき、国外へ逃亡した政敵や裏切り者を、スターリンは執念深く恨み続けた。どこまでも追跡して息の根を止めなければ、自分が危険だとさえ考えた。ＮＫＶＤは少なくとも一九三〇年代半ばまでに、暗殺や拉致など汚れ仕事専門の特殊部隊を創設し、そのベースをパリに構えていた（山内智恵子『ミトロヒン

文書　ＫＧＢ・工作の近現代史』）。大粛清をきっかけに西側に亡命したＮＫＶＤのスパイ、クリヴィツキーによると、こうした特殊部隊は、当初コミンテルン国際連絡部（ＯＭＳ）の直轄だったが、その後、海外でのテロ行為全般はすべてＧＵＧＢ（ＮＫＶＤ）の統制下に置かれたという（三宅正樹『スターリンの対日情報工作』）。ＧＵＧＢ最大のターゲットは、「西側諸国と結託してソ連体制の転覆を画策する」トロツキーとその支持者たちだったが、祖国反攻の夢を捨てない白軍（革命反対派の軍隊）の残党や海外在住のウクライナ民族主義者なども抹殺対象にされた。現実のトロツキーはといえば、トルコ、フランス、ノルウェーの亡命先にいずれも安住できず、一握りの熱烈なサポーターに護られてメキシコシティ郊外の村コヨアカンに、ようやく落ちのびた身であり、地元のメキシコ共産党からひっきりなしに国外退去を求められていた。西側諸国への影響力などもないに等しく、およそソ連の体制転覆など図れる状況ではなかった。

クリヴィツキー

ソ連の大物スパイとして、ときにゾルゲと並び称されるワルター・ゲルマノヴィッチ・クリヴィツキーは、西ウクライナ出身のユダヤ人で、リュシコフとほぼ同年代だ。チェキストとしていわば総合職だったリュシコフに対して、クリヴィツキーは海外スパイ活動の専門職だった。二〇年のソヴィエト・ポーランド戦争から諜報活動に携わり、二一年から三五年まで赤軍参謀本部第四局（GRU）に所属して主に中欧を担当した。ある時期、ゾルゲと同じ担当者の管理下にいたわけだ。その後、NKVD諜報部から徴募されて転籍し、オランダのハーグに派遣された。

研究者の三宅正樹によれば、クリヴィツキーの名を一気に高めたのは、自分の諜報団を使って日独防共協定締結までの秘密交渉をすっぱ抜き、モスクワに通報したことだ。同協定は両国にとって反コミンテルン同盟の意味を持っていた。日本にとってはそれにとどまらず、ドイツ軍と蒋介石の軍との腐れ縁に楔《くさび》を打ち込むというメリットがあった。ベルリンの日本大使館付武官・大島浩とナチ党外交機関長リッベントロップの間で交わされたやり取りは、クリヴィツキーによって丸裸にされていた。

きっかけは、ナチの秘密機関が大島と東京との電報のやり取りを傍受し、完全な形で秘蔵していたことだ。これを察知したクリヴィツキー機関は、ベルリン在住の機関員を動かし盗撮に成功した。数巻に分けられたフィルムはいったんアムステルダムに持ち出された。三六年八月、高速道路上に車を停めてクリヴィツキー自身がフィルムを受け取る。盗撮された電文は暗号に組まれていたが、クリヴィツキーはすでに日本外務省の暗号解読書を入手済みで、秘密の現像所にあらかじめ日本語専門家を待機させていたこともあって、難なく読み解くことができた。暗号解読書はモスクワの日本大使館から盗んだものだった。オランダからはモスクワ宛ての暗号電報は打てなかったので、パリまで持ち出して長文をNKVDの暗号に変換して発信した。日独による反ソ同盟が実質的に動き出すことを知ったスターリンは、以降、ヒトラーを油断させ、好意を獲得する方向に外交の舵を切った、とクリヴィツキーは分析している。のちの独ソ不可侵条約に繋がる予兆をすでに見抜いたわけだ。

ソ連本国で粛軍テロルが始まり、次いで大粛清の〝弔砲《ちようほう》〟が鳴ると、クリヴィツキーは大きく動揺し、三七年九月、フランスに亡命した。スターリンはクリヴィツキーに「トロツキスト」の烙印を押す形で、事実上の暗殺指令を出した。実際、パリでのクリヴィツキーは、トロツキーの長男セドフや在仏のトロツキストたちと濃い交わりを持っていた。三八年にアメリカに再亡命したクリヴィツキーは、「ザ・サタデー・イブニング・ポスト」紙に、回想形式でソ連の内幕物を連載し始め、三九年には単行本も出版した。評判には毀誉褒貶《きよほうへん》があったが、独ソは必ず不可侵条約を締結するとの予測が的中すると、クリヴィツキーに俄然、注目が集まった。

このセンセーショナルな予測記事は、日本でも総合誌の『中央公論』三九年八月号に転載された。予想もしない独ソの不可侵合意に驚愕した平沼騏一郎《きいちろう》内閣が、「欧洲の天地は複雑怪奇」という情けない声明と共に総辞職する一ヶ月以上前だ。陸軍省は、これに直ちに反応し、「謀略記事」の掲載はけしからんと、『中央公論』編集部にねじ込んだ。次号で全文を取り消すよう要求し、かわりに「クリヴィツキーは幽霊なり」という論文の掲載を押し付けた。それはいわばクリヴィツキー不存在説だった。竜造寺明と名乗る論文執筆者が根拠にしたのは、リュシコフが「クリヴィツキーなどという将軍は知らない」と語った事実だという（三宅前掲書）。執筆者が本当にリュシコフに確かめたのか、もはや確認する術はないが、わずか約一年前までNKVDの現役幹部の一人だったリュシコフが、同組織で同年代の将軍の名を知らないなどということは通常あり得ない。

実は、「ザ・サタデー・イブニング・ポスト」紙とクリヴィツキーの間には仲介者が立っていた。元インターナショナル通信社モスクワ特派員のレヴィンだ。彼こそ、クリヴィツキーがロシア語で書いた文章を、英文に翻訳して同紙に渡していた張本人で、プロモーター役だった。レヴィンはクリヴィツキーの回想録を同紙に売り込むにあたって、より大物に見せかけるため、亡命時の階級を実際のNKVD大尉から「将軍」に粉飾していた。ただでさえクリヴィツキーは、三五年になって赤軍参謀本部第四局からNKVDに転じた〝中途入社組〟で、リュシコフにとっては新参者だ。まして将軍どころか現場責任者クラスの大尉となれば、リュシコフが「知らない」と答えても不思議はない。

それにしても、陸軍省がクリヴィツキーの記事にここまで目くじらを立てたのはなぜか。日独防共協定交渉がソ連側に筒抜けになっていた屈辱からだと、三宅は示唆する。

1940年4月に撮られた写真（トロツキーは中央）。この4ヶ月後に暗殺された

七、リュシコフに刺客は放たれたか

一九四〇年八月、トロツキーがメキシコの半要塞化された私邸で頭にピッケルを突き立てられ暗殺された。五月に武装した二〇人のチームに私邸を襲撃され、九死に一生を得たばかりだった。生前のトロツキーは、ＧＵＧＢ（ＮＫＶＤ）の個人テロが、常

に雇われた外国人の手で行われるのを知っており警戒していた。それでも、素性を隠してトロツキーの女性秘書の恋人に納まった刺客に、私邸への出入りを許してしまい、虚を突かれる形となった。犯人のスペイン共産党員ラモン・メルカデルは、犯行直後に逮捕されたが、モスクワの指令については一切自白しなかったため、長い服役生活を経て釈放されたあと、ソ連邦英雄として迎えられた。トロツキーの死で、レーニン時代から国政に関わってきたオールド・ボリシェヴィキは、権力闘争に縁がなかったカリーニンただ一人になった。

四一年二月、ワシントン市内の安宿で、クリヴィツキーが変死体で見つかった。右こめかみに銃創があり致命傷になっていた。遺書が三通あったため、地元警察は自殺を疑わず、おざなりな捜査で幕引きを図った。ＦＢＩのネット・サイトには、当時の新聞報道を含めて五七〇ページに及ぶクリヴィツキー関連の捜査報告が掲載されている。結論としては、「彼の死が自殺以外のものであることを証明する情報はこれまでのところ発見されていない」というものだ。しかし、凶器となった拳銃が、即死状態でベッドに倒れ込んだとみられる右利きの人物の左手側にあったことに合理的な説明はない。クリヴィツキーより一足早く亡命した親しい同僚がスイスで暗殺されていたこともあり、妻や弁護士は他殺を疑わなかった。怪しい人物としてハーグ時代の部下の具体名まで挙げている。

ＧＵＧＢの暗殺リストのトップだったトロツキーが消えたことで、クリヴィツキーの名が筆頭に繰り上がっていた、との指摘がある。トロツキーはクリヴィツキーの著述活動を高く評価しており、クリヴィツキーもまたトロツキーへの協力姿勢を崩さなかった。スターリンにはあからさまな挑発と映っただろう。

死体発見は、ニューヨーク州の立法委員会に呼ばれて証言を行う当日で、口封じを急いだと解せないこともない。口封じといえば、クリヴィツキーはイギリス秘密情報部からすでに事情聴取を受けていた。その際、ケンブリッジ大の学生時代にソ連のスパイとして徴募された五人組（キム・フィルビー、ドナルド・マクリーンら）が、その後イギリスの諜報機関や外務省の要職に就き、モスクワの目や耳となって盛んに活動している事実の一端を語ったと推測される。近く二回目の聴取が予定されていた。五人組の存在はソ連にとって対イギリス諜報活動の命綱であり、詳細が暴露された場合の影響は計り知れない。モスクワには、亡命者にこれ以上絶対に喋らせたくないという明確な犯行動機があったわけだ。

ドナルド・マクリーン

翻《ひるがえ》って東京のリュシコフは、銀座の路上で偶然ソ連大使館員と行き合いそうになった後の数日間、パニック状態に陥ったという。狙った相手は必ず仕留める祖国の謀略組織の執念深さを、身をもって知っていたからだ。スターリンの暗殺リストにはリュシコフの名もあったのだろうか。

ソ連の国家統治を実質的に支えたのは党、軍、秘密警察という三すくみの組織だが、トロツキーを除けば、その一角から出て他国に政治亡命した人物のなかでリュシコフは事実上最高位だ。「そんな人物はいない」と、ソ連が彼の存在を全否定したことについて、リュシコフ本人は、「すべて事実を認めるにせよ、公然と非難するにせよ、どっちにしても、スターリン主義者の弱点を自分は知り過ぎているので、ソ連にとっては危険なのだ」とある将校に語っている。リュシコフ亡命事件の発生で、ソ連極東ではラジオ放送の一般聴取が禁じられ、シベリアで読むことができた日本を含む外国新聞の供給が差し止められた。関連ニュースの国内への流入と伝播を、スターリンが恐れたためだ（クックス前掲書）。

そうした事情もあって、リュシコフの逃亡に直接言及した独裁者の言葉は表には出てこない。理屈の上では、リュシコフに対する任命責任は偏《ひとえ》にスターリンにある。また、中央への召還を言い渡したことで彼を追い詰め、結果的に国外逃亡へと駆り立てたのも独裁者当人の責任だ。にもかかわらず、スターリンの怒りの激しさは相当なもので、それは張鼓峰事件で見せた好戦的な対応に如実に表れていた。軍事情報の機微から、要人たちの人間関係、クレムリン内の閨事《ねやごと》、艶聞《えんぶん》まで、あれこれ耳にしていた情報のプロによる裏切りだけに、早く黙らせたいという気持ちは当然ながら独裁者に宿っていただろう。リュシコフが神田の古書店街でトロツキー関連のロシア語文献を買い込んでいたとの目撃談や、実際、正真正銘のトロツキストにみえたという某情報将校の観察に近いものを、ソ連側も持っていたとすれば、なおのこと手段を選ばず抹殺したかったはずだ。ただ、パリに根拠を置いていた汚れ仕事専門の特殊部隊を日本に差し向けて片が付くかといえば、そう簡単な話でもない。

東京は同質性の高い東洋人の街で、外国租界のあった上海などとは違い、西洋人が目立たずに動き回れる余地はほぼなかった。ソ連大使館員を偽装してテロ要員を送り込んだところで、憲兵や特高警察による監視の目はとりわけ厳しい。暗殺の前提となるターゲットの身辺調査さえ難しかっただろう。しかもリュシコフは陸軍参謀本部の保護下にあった。メキシコ政府筋に何らの政治的後ろ盾を持たなかったトロツキーや、アメリカに亡命したとはいっても市民権がなく、滞在許可を受けていたに過ぎないクリヴィツキーとは立場が異なる。スターリンに幸いしたのは、ニューヨーク・タイムズがリュシコフの「手記」を「小学生向きの作文」とこき下ろし、日本軍部の情報操作だ、と決めつけたように、世界的にはリュシコフの存在や言説がほとんど黙殺されたことだ。

国際的に悪影響はないと判断した段階で、独裁者はリスクを冒してまでリュシコフを消そうとは思わなくなっていたのだろう。研究者のクックスは、公的にリュシコフの存在を認めないまま、ソ連が何らかの暗殺手段を取ることで、その権威を落とすようなことをしたくないのは明らかだった、と指摘する。

事実、リュシコフに関して、モスクワからの怪しげな影に脅かされていたとの証言は見つからない。もちろんゾルゲにしても、リュシコフが日独両軍部にどんな情報をもたらし、どんなソ連観を抱き、何を願っているのか、子細に探り出して本国に通報してしまえば、同じ東京の空の下で暮らしてはいても、元ＮＫＶＤの将軍個人に関心を持ち続ける理由はなかった。

第五章

破滅の予感

一、陸軍参謀本部第八課

日露戦争の終結後、日本と帝政ロシア両国の関係は経済を中心に目に見えて好転した。互いに同盟国の一員となった第一次大戦では、日本はロシアの依頼で武器弾薬を供給し、多額の戦時国債を引き受けるほどだった。それでも陸軍当局は、一九〇七年に策定された「帝国国防方針」を基本として、相変わらずロシアを最大の仮想敵と位置付けていた。将来の幹部将校を育てる東京陸軍（中央）幼年学校で、ドイツ語と並びロシア語が必修科目になっていたのもそうした流れの反映だ。対ロ、対ソ関係に強い軍人の養成が叫ばれ、実際関連部署には優秀な人材が配された。

参謀本部第五課の甲谷悦雄を引き継いで、「マラトフ情報」の担当責任者になったのは第八課第一一班長の矢部忠太中佐だった。のちに終戦を駐ソ武官として迎える俊英だ。そもそも一一班の存在は極秘にされていた。矢部の名が八課の幕僚付として記録に登場するのは、参謀本部が発行する「大本営陸軍部将校、各部将校、高等文官職員表」の三九年一二月七日版からだ。直近にあたる同表の八月二二日版にはないので、その間に動きがあったことになる。矢部の前任は北支那方面軍司令部（北京）だった。ノモンハン戦の最中に矢部は、連絡将校として関東軍司令部（新京）に赴いた経験がある。隷下の四個師団を増援に差し向ける、との北支軍司令官の意向を関東軍司令官に伝達するためだ。辻政信参謀に会って趣旨を伝えたところ、言下に謝絶され、「それほど余裕があるのなら支那匪賊掃討作戦でもされたらいかがか」と慇懃無礼な言葉を浴びせられた（クックス『ノモンハン〈1〉』）。

八課は三七年一一月に新設された部署で、情報判断、謀略防諜、宣伝企画を専門に担当した。五課に集まっていた多彩な顔触れの嘱託たちは、前年に参謀本部の付属機関として新設された「ソビエト研究所」に集められ、籍も八課に移っていた。同研究所は九段の通称〝一《ひと》口坂《くちざか》〟にあったことから別名、九段研究所、あるいは九段事務所と呼ばれた。本稿でも以下、九段事務所と表記する。東郷平八郎邸に近い三階建ての写真店の建物を借り受けて使った。ここにリュシコフも籍を置いた。勝野によると、リュシコフは当初、参謀本部内のあちこちの部署に回されたが、もっぱら白系ロシア人を通して敵情を探ることしか知らない軍人たちには、マルクス主義理論を踏まえたリュシコフの情報がよく呑み込めず、結局、同事務所に落ち着いた。リュシコフの日常的なフォロー役も、それまでの西村庚から高谷覚蔵に交代した。

ノモンハン事件の戦端が開かれた三九年五月当時、リュシコフはすでに赤城神社下で独立し、「加藤」という偽名を使い樋口美代と夫婦を装って暮らしていた。リュシコフは屋敷に閉じこもり、日々ソ連の短波放送を傍受し、ソ連の新聞報道の解析に没頭した。そうやって掴んだ情報は電話で九段事務所の勝野に伝えられ、勝野が翻訳したうえ整理し参謀本部に報告した。

三九年から翌年にかけては、リュシコフが総合誌の『改造』に論文を精力的に寄稿した時期でもあった。「スターリンへの公開状」（三九年四月号）を皮切りに、「第十八回共産党大会の批判」（五月号）、「ソ連農業問題の批判」（七月号）、「極東赤軍論」（九月号）、「ソ連の対欧進出批判」（一二月号）、「蘇芬《そふ》紛争に就《つい》て」（四〇年三月号）、「ソ連と欧州事変」（八月号）と矢継ぎ早だ。いずれの論稿も、彼が日本で果たしている役割には触れず、徹頭徹尾、ソ連の内情を暴くものだ。参謀本部による検閲はあったにしても、論旨が捻じ曲げられた様子はない。原稿料は執筆者本人に支払われた。

反スターリンの立場が鮮明なこれらの諸論文はゾルゲによってモスクワに密送されたほか、メキシコにいたトロツキーにも知られるようになった（下斗米伸夫「ノモンハン事件再考」）。小さな波紋は海外にも及んでいたことがわかる。

こうした比較的短い論文の執筆は、前年にスターリンが著した『ソ同盟共産党小史』に対する浩瀚《こうかん》な反論を書く合間を縫って行われた。『ソ同盟共産党小史』は、古参ボリシェヴィキたちの苦闘がことごとく無視され、著者であるスターリン自身の功績のみが一方的に強調される偏った内容だった。これを入手し熟読のうえ、歪んだ党史がソ連国民に押し付けられている状況を憂いたリュシコフは、三九年から憤然と反駁《はんばく》の筆を執った。四〇年に脱稿したとき、その紙幅は二四〇〇ページをはるかに超す膨大なものになっていた。参謀本部はこれを極秘資料として小部数印刷し軍情報部門の担当者らに配布した。この論稿も現存していない。

この大部の論稿を赴任地の満洲で読み、東京出張の折にリュシコフを訪ねて面談した関東軍情報参謀がいる。のちに多くの取材を通じて、特定のリュシコフ観を世に広めた張本人として、先に簡単に触れた大越兼二少佐だ。陸相を務めた板垣征四郎の義弟にあたる。大越はコミンテルン第七回世界大会（三五年・モスクワ）で、野坂参三が演説した内容に引っかかりを覚えていた。「日本の共産主義者はファシズム機構内に忍び込み、これを内部から爆発せねばならぬ」という部分だ。敵の組織に「もぐり」、内部から「食い破る」戦法を指していた。中国・春秋時代の武将、孫子はスパイを五種類に分けている。たとえば「生間《せいかん》」は生きて敵地から戻って敵情を報告するスパイ。一方、「死間《しかん》」は敵地であえて捕まり、相手を撹乱させる目的で虚偽の情報をもっともらしく敵に漏らし、最後は処刑されるスパイだ。ひょっとするとリュシコフは「死間」ではないか。帝国陸軍内部に何食わぬ顔で入り込んだ撹乱分子《かくらんぶんし》ではないか。ソ連はあえてリュシコフのような大物を選び、「死間」の任務を与えて送り出したのではないか。大越はじかに本人に確かめたい気持ちを抑えきれず、高谷を通じて連絡を取った。

大越によると、リュシコフは最初から不機嫌だった。赤城神社下の家の八畳間に通されテーブル越しに対座した。「品格のあまりない、田舎教師という感じだった。とてもあの記録『ソ同盟共産党小史』批判の大論文」を書いた鋭い才能のある人とは思えない。何か警戒しているな、ということが感じられた」（大越前掲書）。強く踏み込んで訊くと、気色ばむ場面もあった。結局、大越は、レーニン主義を棄てていない、という理由でリュシコフに不審の念を強くして辞去した、というのだが……。

リュシコフは、転向を条件に起訴を免れた治安維持法違反容疑者ではない。はじめから「正統派レーニン主義者」を名乗って、日本政府に受け入れられた政治亡命者だ。スターリンによって十月革命の理想が裏切られた、と主張するリュシコフにとって、原点はレーニン主義以外にはあり得ない。亡命当初からそのことを少しも隠していないし、一般向けに公表した諸論文もすべて同じ立場に貫かれている。担当参謀の矢部はもとより、勝野にしろ、高谷、西村にしろ、その辺はよく理解したうえで、彼の知恵や経験を八課の取り組みに活かそうと努めていた。だが、猜疑心に凝り固まった大越の目には、やはり「死間」としか映らなかったのだろう。勝野はこの大越を評して、「わりに勉強していたほうですが、それでも軍人という目でものを見て、政治的に判断することができない」（「参謀本部のなかで」）と語っている。共産主義が理解できないから、ソ連共産党内の権力闘争や粛清の背景が理解できない、そんな将官たちを勝野は、開明派を意味する「新派」に対して、「旧派」と呼んで警戒した。リュシコフを最後まで信用せず、日本軍への貢献を疑ったのは、大越のような「旧派」の軍人だった。

ノモンハンの戦火がまだ収まらない九月一日、ドイツがポーランドに侵攻して第二次大戦の火ぶたが切られた。英仏から宣戦布告を受けたのだ。独ソ不可侵条約の締結からまだひと月も経っていない。翌四〇年一月、ソ連がフィンランドに侵攻した。いわゆる「冬戦争」だ。ソ連は手こずりながらも、領土の一部を割譲させた。四月、ドイツはデンマーク、ノルウェーを攻め、五月にはオランダ、ベルギーを降伏させた。六月、ソ連がバルト三国に侵攻を開始し、ルーマニアの一部にも進駐した。ドイツはフランスにパリの無血開城を呑ませた。

独ソ不可侵条約という「保険」を得て、ヒトラーとスターリンはそれぞれヨーロッパの地図の書き換えに狂奔し始めた。

八月、八課は神田・淡路町の荒井ビル三階を借り受け、そこに伝単《でんたん》（戦場で敵の戦意を挫く宣伝ビラ）専門のプロダクション（通称・淡路事務所）を設けた。参謀本部の指令に基づき、工作対象の外地ごとに政治情勢、民情、習慣などを踏まえたビラを制作する。集められたのは前年のうちに誘いを受けていた気鋭の描き手たちで、現地人に一目で訴求できるようにと、彼らには日々表現力が問われた。

九月には日本がフランス領インドシナ北部（現ベトナム）に進駐し、十月、イタリアがギリシャに進軍を開始した。十一月、ルーマニアとスロバキアが日独伊と同盟を結び、十二月に入ると、ヒトラーが独ソ戦の準備を極秘指令した。そうやって戦乱に塗りつぶされた四〇年は暮れた。日中戦争は開戦から二年半を経ても解決の糸口が見いだせず、国内は国家総動員体制が強化されますます息苦しくなっていた。

二、怯えの理由

リュシコフは、一度悪魔に魅入られた人間だ。虐げられた出自が、かえってものを言うボリシェヴィキ独裁下で生き生きと任務に励み、スターリンにとって「聞き分けの良い家臣」になることでエリート街道を歩んだ。革命に犠牲は付きものと考えるレーニン、ジェルジンスキー（チェーカー創始者）の孝行息子をもって任じ、自分の手が血に汚れても頓着しなかった。聞き分けの良さが何の救いにもならないと気づいたのは、キーロフ暗殺を利用して粛清の嵐を煽る役目を担わされたときからだった。真に戦うべき相手は、革命の理想を骨抜きにしたスターリンとその体制だと思考の整理がつき、自分の見立てを公然と訴え始めたとき、彼はもう亡命者としてスターリンの手が届かない日本にいた。自尊心の塊のような独裁者の憤激ぶりが、リュシコフには手に取るように分かった。不安があるとすれば、それは日本と自分の関係だった。

フェリックス・ジェルジンスキー

ノモンハン事件では日ソ双方に多数の戦争捕虜が生まれた。紛争終結に伴って、リュシコフのなかに、自分が捕虜交換の人身御供にされ、ソ連に引き渡されるのではないかという恐怖が広がった。スターリンの怒りが思い返された。日本女性と正式に結婚して帰化したい、と勝野に語った希望は嘘ではなかったが、日本にいる限り、その恐怖は消えそうもない。いっそアメリカに移住したい……。移住先にアメリカを考えたのは、ユダヤ人としての自認をまだ捨てていなかったからだろう。リュシコフは四一年三月中に二通の手紙を矢部に送り、移住を許してくれるよう訴えた。

矢部もリュシコフを落ち着かせるため何か手を打たねばと思案した。だが、当時は別に大きな懸案を抱えていた。日本の国策を世界に向けて発信するプロパガンダ誌の刊行が課題となっており、その出版実務を担う会社の設立に奔走していたのだ。三井、三菱、住友の財閥に働きかけ、各一五万円を拠出させて運営資金とした。参謀本部とは緩い繋がりにとどめる知恵だ。人材にも目途が立ち、三月に動き出したのが東方社だ。同社については後述する。

リュシコフの評伝を初めて世に問うた作家の西野辰吉が、西村庚と並び重要な取材源だったと記す人物にM・Nこと中田光男がいる。東京外語を卒業して八課の雇員となった。四一年春の初仕事に、中田は矢部からロシア語で手紙を書くよう指示されたが、誰に宛てたものか教えてもらえない。それがリュシコフの不安を宥めるための矢部の返書だと分かったのは、半年後、高谷覚蔵に代ってリュシコフとの連絡係を仰せつかってからだ。諜報の世界に造詣深い研究者の山本武利が入手した手紙の内容を以下、箇条書きしてみる。

①日本政府が政治亡命者を敵の手に渡す事例は今までもなくこれからもない。そんなことは武士道に反し許されない。
②あなたの命に責任を負うとここにあらためて表明する。
③あなたの依頼「アメリカ移住希望」を拒否したのは一時的なもの。
④近いうちにあなたが公然と本名を名乗れるようにしたい。
⑤あなたの今置かれている状態は長く続かず、近いうちに完全に改められる。

矢部はまず⑤の約束を、住居の移転という形で果たそうとした。探し出したのは目黒区本郷町（現・碑文谷五丁目）の碑文谷《ひもんや》公園に隣接した小ぶりな借家だ。同公園は、水田灌漑用の貯水池だった水辺を活かした緑地で、周囲は農村の面影をとどめていた。中田と共に世話をする憲兵は小池周一郎曹長一人に絞られ、複数の憲兵が同じ敷地の別棟に出入りしたり、寝起きすることはなくなった。九段事務所への往復はさすがに警護付きだが、出向く機会は増やされた。①も②も矢部の本音で、リュシコフの身の安全は、通ってくる小池曹長のほか、在留外国人一般に目を光らせる所轄の警察に託された。③については日米関係次第であり、リップサービスの感が否めない。④についても、仮想敵国の重要な情報を握って政治亡命した者は、亡命先で祖国政府の暗殺対象にならないよう素性を隠すのが一般的で、気休めに過ぎない。それでもリュシコフはいっときであれ安心の境地を得たようだ。新顔の中田ともすぐに打ち解けた。矢部名義でリュシコフに宛てた手紙の代筆者は自分だったと中田が打ち明けると、リュシコフはロシア語表現を誉め、矢部への感謝を口にした。

特高警察がゾルゲ事件の捜査に着手していた四一年六月二二日、独ソ戦（バルバロッサ作戦）が始まった。三三〇〇万のドイツ軍がソ連へ雪崩れ込んだ。わずか二ヶ月前、日独伊三国同盟にソ連を加え四ヶ国の同盟に拡大する外交戦略に立ち、懸案だったソ連との中立条約締結にこぎ着けた日本政府にとっては寝耳に水で、完全な思考停止に陥った。独ソ開戦を新聞の号外で知った勝野は、文芸誌が識者に行ったアンケートに答え、「ソ連の持つ特殊な国家的性格から観て、さきの独ソ［不可侵］協定が永続するものとは考えていませんでした。したがって来るべきものが来たという感じです」と記した。ラジオで知ったという尾崎秀実は同じアンケートに、「世界の相貌にあたえる変化を［友人と］話し合ったことです」と、こちらは煙に巻いている（『文藝』四一年八月号）。

勝野が指摘したように、独ソ不可侵条約は締結当時からどちらが先に破棄するかが見物の条約ではあった。リュシコフも条約が結ばれた際、「複雑怪奇でもなんでもない。ヒトラーとスターリンは同一性格だから一時は抱き合っても、間もなくけんか別れする」（古津前掲書）と予測していた。条約発効直後から、スターリンは密かに軍備の増強を急がせた。そしてドイツに攻められる前に、ドイツと戦う意図をもって新しい精鋭師団を国境近くに重点配備していた。ゾルゲは前年暮、ヒトラーが極秘にソ連侵攻の作戦準備指令を出した直後に、在日ドイツ大使館を通じてこれを察知し本国に通報した。五月には、すでに本国に帰任していたショル中佐が、新任地のバンコクに向かう途中、東京に立ち寄った機会を逃さず、開戦の第一予定日まで聞き出した。だがそれらは、スターリンに届けられる同趣旨の数多い情報のひとつでしかなく、しかも信用されなかった。もちろんスターリンにしても、ドイツが必ずソ連に牙をむいてくる確信は

バルバロッサ作戦。攻撃準備を整えるドイツ軍機械化部隊

あった。問題はそれがいつなのかだ。熟考の末、「ヒトラーはもう四一年中は動けない」との判断に達していた。注視したのは羊皮と羊肉の市場価格だ。ドイツの侵攻が遅くなればなるほど、戦闘が冬にもつれ込む公算が高くなり、防寒外套の準備がいる。前線の将兵に外套を行き渡らせるためには、素材である羊皮をあらかじめ大量に確保しなければならない。羊皮の買い占めが起きれば価格は高騰し、羊肉は逆にだぶついて値下がりする。その兆候がないことに独裁者は安心しきっていた（ラジンスキー『赤いツァーリ　下』）。珍しく読みを外したスターリンのソ連は初戦から惨敗を続ける。ドイツ軍が選択した一気呵成の電撃戦は図に当たったかに見えたが、赤軍の能力を侮っていた点では、ノモンハン事件の関東軍とそう変わりはなかった。相手を見下して当初の作戦開始日をひと月も遅らせたツケは、モスクワ首都圏の制圧を目前にして雪と泥濘に進路を阻まれるという形で回ってきた。

その頃になれば、リュシコフは妻子にもう二度と会えないという現実を受け入れていただろう。だからこそ、矢部の説得や転居の実現によって、一息つく心境になったかもしれない。ただ、それも長くは続かなかった。世界情勢は、彼が命を預けた亡命先の日本にとって、ますます難しいものになりつつあった。日中戦争の泥沼化はスターリンの目論見通り、日本から国力を奪い、国際社会から孤立させた。当時のリュシコフは簡単な日本語が話せたし、樋口美代の助力で日本の新聞報道も概略は捉まえられるようになっていた。日々のインプット作業によって、彼には現実が見えていた。東京の街を覆う戦時色も一段と濃くなっている。新たな怯えが芽生えていたはずだ。かといって、ソ連の国籍を棄て、日本にも帰化していない無国籍者の身に、どんな選択肢があるというのか。矢部から与えられた道をひたすら歩むしかなかった。

三、「対ソ宣伝本部」構想

どんな国の軍首脳も近隣国に軍事演習の動きがあれば必ず身構える。多額の予算を費やし、平時の防衛体制を一時にせよ崩して実施するのだから、演習には一つとしてなまくらなものはない。その気になれば、いつでも実戦に切り替え得る。二〇二二年二月、アメリカはロシア軍がベラルーシのウクライナ国境近くに大きな戦力を集中させているのを偵察衛星で掴み、世界に警鐘を鳴らした。ロシア側は侵攻直前まで演習だと言い逃れた。

「独ソ戦がドイツ有利に展開すれば、武力を行使して北方問題を解決する」。この御前会議の決定を受け、関東軍は一九四一年七月、演習の名目で満ソ国境地帯に七〇万を超す大軍を集結させシベリア侵攻の態勢を整えた。関東軍特種演習、略称「関特演《かんとくえん》」である。参謀本部が侵攻の条件にしたのは、極東ソ連軍の半減だったが、情報集約の結果、戦力に大きな変化はない、との判断に達し、演習が実戦に切り替わることはなかった。しかし、元KGB大佐のキリチェンコによれば、独ソ戦勃発後、ソ連極東に残っていた精鋭はポシェト地区を守る第四〇師団のみで、そのほかの生気溢れる師団はすべてヨーロッパ戦線に駆り出されていた。埋め合わせとして極東およびザバイカルの防衛線には、訓練の行き届かない五五歳以下の高齢徴募兵と、収容所の囚人たちが配置されていたに過ぎなかった。

独ソ戦が勃発すると、リュシコフはまた毎日ラジオにかじりつきソ連側が報じる戦況報告を聞いて、メモを中田光男に手渡した。藁半紙の表裏に、達筆なキリル文字がびっしりと書き連ねてあった。キャッチャーは九段事務所詰めに転じた高谷が担い、「マラトフ情報」として参謀本部に報告した。

ソ連では第二次五カ年計画（一九三三～三七年）の期間に、NKVDによって防諜体制の強化が図られた。それまで赤軍が担っていた国境警備もNKVDに移管され、兵力も格段に増強された。それ対抗するかのように日本の参謀本部は三〇年代後半、シギント、つまり通信傍受を利用した対ソ情報収集の強化を打ち出す。

シギントに対してヒューミント（人を介した情報収集）は日本軍の場合、主に在外公館に派遣される駐在武官の任務だが、ソ連の社会には付け込む隙がなかった。大使館付武官はＮＫＶＤによって、モスクワ有数の宿泊施設サヴォイ・ホテルに泊められて監視され、電話、手紙のチェックはもちろん、外出時には徹底した尾行にさらされた。モスクワでの監視は人海戦術で、惜しみなく人員を投入して立ち回り先を突き止める。当局に気づかれないような情報収集など行える状況ではなかった（小谷賢『日本軍のインテリジェンス』）。日本が現地に〝ゾルゲ〟を抱えることなど、到底考えられない。ＮＫＶＤの防諜体制はそれほど盤石だった。つまり、ヒューミントに関して日本はソ連の敵ではなかった。

同じ頃、参謀本部はプロパガンダの重要性にも気付き、全世界を相手にした大風呂敷な宣伝工作計画を温め始めていた。内閣情報委員会や満鉄調査部まで組み入れた壮大な構想だ。これを総論とすれば、対ソ戦に特化した各論にあたるのが「対ソ宣伝本部」計画だ。「関特演」の少し前から研究が始まった。平時に細分化されて存在する情報収集機関や宣伝謀略機関を、対ソ戦用にあらかじめひとつの組織図のもとに系統化しておき、いざ開戦となれば、それら諸機関を瞬時に「対ソ宣伝本部」に一本化する。「宣伝」といっても、赤軍、共産党、コミンテルン、各種工業、国営・公営農場などソ連の実態を探る諜報活動まで含んでいた。ソ連国内に敷かれた鉄壁の防諜体制を考えれば、相当に高いハードルだ。

「対ソ宣伝本部」全体の青写真づくりは八課嘱託の勝野らに託された。彼らはリュシコフの意見を取り入れつつ、まず最小限の「宣伝研究所」を設立し、それを核に全体像を描こうとした。「研究所」の機能、予算、人員を具体的に示した四一年四月付の計画案は、勝野が起案者となっている。「研究所」の代表格に勝野が想定されていたと分かる（山本前掲書）。

「対ソ宣伝本部」を構想するにあたって、勝野が重視したのは人材養成だった。「日本では軍政指導を畑違いの純軍人がやっているけれど、これは政治的な訓練を経た特別な軍人に担当させるべきもので、高等な軍政を布くことのできる、ちょうどソヴィエトの「赤軍」政治部員に匹敵する人材を養成する機関をつくるべきだというのが私の考えでした」（「参謀本部のなかで」）。たしかに勝野の考えではあるが、自ら赤軍部隊の政治委員を経験し、その監視者でもあったリュシコフの意見の反映でもあった。

諜報や防諜、宣伝など情報戦を担う要員の育成機関は、勝野が陸軍のホープと見ていた岩《いわ》畔豪雄《くろひでお》中佐の提唱で設置が検討され、すでに陸軍中野学校として形を成していた。勝野は出来て間もない同校のカリキュラムに自分たちの考えを反映させようとした。同校で教え

岩畔豪雄

る五教科のうち、「秘密戦」には占領地行政の方法論も含まれていたが、それでは物足りない。四一年秋に同校校長に就任した川俣雄人《かわまたたけと》少将は、リュシコフ亡命当時に参謀本部第五課長だった人物で、その川俣に働きかけたが理解が得られなかった。軍政指導のできる軍人を育てながら、彼らに情報戦の技術も教えるという「対ソ宣伝本部」案の理想は日の目を見ず、「中野学校は結局、主客転倒のものになってしまった」と勝野は臍《ほぞ》を噛んだ。

中田光男は一日おきに碑文谷へ通い、すっかりリュシコフの人柄の虜《とりこ》になった。彼からソ連事情を含めあらゆる知見を得ようとした。リュシコフも一〇歳以上若い中田を可愛がり、求められるまま政治、経済、社会、文化、芸術、生活、情報政策、粛清などについて、滔々と語った。革命を挟む混乱期に育ち、いわゆるリベラル・アーツを学ぶ機会を持てなかったにもかかわらず、リュシコフは一級の教養人だったと中田は証言する（日ロ歴史を記録する会前掲書）。ソ連の教育機関やラーゲリで現地知識人との交流経験が豊かな勝野も、「ロシア人として立派な見識を具えていた」（『凍土地帯』）と評しており、中田の回想を裏付ける。

チャイコフスキーに聴き惚れ、ドストエフスキー

建川美次

やトルストイを耽読した。祖国では自由に読めない本も日本なら読める。陸軍のルートでパリの大使館を通じてロシア語版のチェーホフ全集を入手したこともあった。矢部の気遣いも相当なものだが、そうやって得た学識で、「ソ連文学の動向」と題する論文まで執筆した。並みの文学好きではない。中田はその日本語訳を頼まれ難渋したという。リュシコフが特に熱心に中田に説いたのは情報の取り扱いだ。情報は「予想の科学」というのが持論で、情報の読解法、考え方を繰り返し強調した。これは、中野学校設立の提唱者、岩畔が訴えて注目を集めたという「諜報謀略の科学化」と一脈通じるものがある。

ドイツ軍にまだ勢いがあった頃、東京では陸海軍の参謀らが軍人会館（現・九段会館）に集い、一時帰国中の駐ソ大使・建川美次《たてかわよしつぐ》（陸軍予備役中将）を招いて、独ソ戦の帰趨を占う討論会を開いた。勝野もこの席に呼ばれた。攻防の焦点となっていた南ロシアの重工業都市スターリングラード（現ヴォルゴグラード）は陥《お》ちる、と考えていた建川や海軍に対して、勝野は反対論を述べた。あらかじめリュシコフに意見を求め、〈モスクワ＝オリョール＝スターリングラード〉の防衛線は、ソ連にとってもうあとがない最後の砦で、したがって余力のすべてを吐き出す形で決死の戦いを挑んでくる、と読んでいたからだ。結果的に赤軍は同市街地の九割を占領されながら、完全包囲戦を七ヶ月にわたって耐え抜き、反転攻勢の端緒を掴んだ。第二次大戦の全局面でも有数の大転換点といわれる。リュシコフの状況分析力は健在だった。

四、磁場としての東方社

太平洋に戦火が拡大していた四二年、一口坂の九段事務所では毎週水曜に情勢分析と戦場宣伝に関する定例会議が開かれていた。会議は当初高谷が、のちに勝野が主宰し、リュシコフを含めた嘱託が全員顔を揃えた。若い中田にとっては、仰ぎ見るような経歴の人々が、近所の老舗と思しい鰻屋の出前をつつきながら交わし合う雑談自体が栄養だった。それぞれのソ連体験が聞けた。軍人が顔を出すわけでなし、文化人サロン的な雰囲気がその頃まで続いていた。この会合でリュシコフは国際情勢の分析を担当した。

『FRONT』1-2合併号の表紙

超一級の写真機材や暗室設備を備えた出版プロダクション、東方社が本格的に動き出し、初の成果物であるグラフ誌『FRONT』を創刊したのも四二年だ。各国語版を含め毎号一〇〇〇部が印刷された。東方社が参謀本部と緩い形で繋がる出版社として構想されたことはすでに述べた。一方では、内閣情報局とも内々話がついていたようで、だからこそ、表現の自由が痩せ細る日本にあっても、例外的な聖域として守られていた。「満鉄調査部、満映（満洲映画協会）、上海電影社、民族研究所と並んで、東方社は戦時下の、警察・情報局の手が伸びない一種の知と芸術の隠れ里のようなものであった」（山口昌男『「挫折」の昭和史〈上〉』）。

東方社を切り回した人々の顔ぶれは九段事務所と同様にユニークだった。初代理事長には九段事務所のメンバーを兼ねる岡田桑三《そうぞう》（映画俳優の山内光《やまのうちひかる》）が就いた。理事には林達夫（思想家）、岡正雄（民族学者）、岩村忍（東洋史学者）が配され、その四人は企画に携わった。実務を委ねられたのは、のちにグラフィックデザイン界の第一人者となる原弘《ひろむ》や写真界の巨匠として名を馳せる木村伊兵衛《いへい》ら気鋭の芸術家たちだ。新劇関係者の一斉検挙に連座して、保釈後間もない山川幸世のように、明らかな左翼人も編集者として採用された。会社設立から少し遅れて、林達夫の紹介で文芸評論家の中島健蔵も理事に加わった。中島の回想では、「神がかりの馬鹿々々しい国内宣伝とは違って、本物の文化をぶつけるのだ」というのが誘い文句だったという。参加してみると、「……東方社は、たしかに参謀本部と連絡があったには違いないが、実は、憎まれていたのであった」。だから長く続く仕事とは思えなかった。「しかし、たちまち深入りしていった。一つには謀反《むほん》気のある連中が集まっていたのにひかれたのであった」（山口前掲書）。のちに中島は、漫画家集団の淡路事務所にも関与する。

山内光こと岡田桑三

東方社・初代理事長の岡田桑三はドイツ人の血を引くと噂された美丈夫で、銀幕の大スターだった栗島すみ子の相手役など二枚目を演じ、日活、松竹蒲田の「山内光」として映画ファンの女性に人気だった。俳優になる以前には、ドイツやソ連で舞台美術、映画、写真の技術を学び、帰国後は築地小劇場に関わるなど、立ち位置としては、やや反体制的なインテリだった。若い頃アナキストだったというが、東方社と縁が切れたのち、大杉栄・伊藤野枝虐殺事件で服役した甘粕正彦が率いる満映に所属した。戦後は東京シネマを旗揚げして自ら映画をプロデュースし、ヴェネツィア記録映画祭最高科学映画賞を射止めるなど存在感を示した。バタ臭い容姿に似合わぬ「べらんめえ口調」で、どんな人物に出会おうと悠揚《ゆうよう》迫らぬ態度は変わらなかったらしい。研究者の山口昌男は、岡田を「コスモポリタンの系譜」に連なる稀有な日本人と見ている。

勝野はのちに、「ここ［八課］で私は『東方社』を作り、『C・C・P』（ソヴィエト社会主義建設）［という雑誌］をモデルとした日本版『亜細亜建設』を発行、英、独、仏、露、中などの諸外国に向けての日本宣伝を行った」と振り返っている（『凍土地帯』）。また、「ここ［八課］で私は山内、岡田両君と東方社というのをつくり……」とも述べている（「参謀本部のなかで」）。実際、東方社の名付け親は勝野だった。ロシア語のヴォストーク（東方）から連想したという。にもかかわらず、勝野の名は東方社の組織図には一切出てこない。どういうことなのか。

そもそも、「山内、岡田両君」という部分は誤記だろう。「山内」は岡田の芸名なのだから、正しくは「山内（岡田）君」ではないか。五課の人材が八課に枝分かれする以前から、プロパガンダ誌発刊の打診を受けていたのは岡田だった。その後は勝野が加わって二人でプロパガンダ誌の企画を詰めた。岡田のほうは、矢部とともに会社設立の資金作りにも深く関わり、自らも出資したため、初代理事長に収まっていた。

勝野らがモデルにしたソ連のグラフ誌『ソ連邦建設』（СССР НА СТРОЙКЕ、英語名USSR in construction）は、第一次五カ年計画（一九二八 - 一九三二年）の成果を国内外にアピールする目的で発刊され、三〇年から四一年にかけて主要五ヶ国語の版が毎月印刷された。ロシア・アバンギャルドのセンスを基調にした編集や、写真レイアウトの大胆さなどがやがて各国で評判を呼び、アメリカのフォト・ジャーナリズムを体現したグラフ誌『ライフ』などにも影響を与えた。東方社は、業務計画のなかで社の使命を、「宣伝のための写真技術の綜合的研究、ならびにそれに基づく新しい対外宣伝のための写真画報の刊行」と謳った（井上祐子「〝東亜の盟主〟のグラフィックス」）。内容面はもちろん、印刷技術面でも本

『ソ連邦建設』の表紙

家『ソ連邦建設』をはるかに凌駕する上質のグラフ誌をつくり、日本発で主要国に届けようとした。計画の段階で関わった勝野には、『亜細亜建設』という仮の誌名で記憶されていた。それが東方社の業務計画上には、『東亜建設』と記載され、結局、先鋭的な実務者たちが、英語表記を日本語版にもそのまま用いるという、当時としては驚くべき発想に立って、『FRONT』と決定した。こうした経緯で伝説の豪華誌は誕生した。

野々宮アパート（写真提供：昭和館）

東方社が社屋に使ったのは、敷地が広い小石川金富町（現・文京区春日）の木造洋風三階建て賃貸物件だった。勝野はそこによく出入りし、理事会のない日は経理担当者と碁を打つなどしていたため、社員はてっきり理事のひとりと思い込んでいた（山本前掲書）。つまり、八課の企画担当として勝野は、表の顔である岡田を立てながら、組織図には出ない形で会社を裏から支えていたようだ。四四年五月に金富町を引き払ったのは、戦局悪化に伴う空襲への備えが理由だ。移転先となった九段北の「野々宮アパート」は、かつてアイノ・クーシネンが長期滞在し、岡田嘉子が居を構えていた日本初の高級マンションだった。

日米戦の開始以来、宣伝謀略部門の主戦場も当然ながら南方中心に傾斜した。八課一一班に集められていた対ソ情報戦のためのマンパワーを、東京に繋ぎとめておく意味は薄れ、即戦力が欲しい関東軍へ振り向ける動きが出始めた。満洲国内には一三ヶ所の特務機関が点在したが、ハルビン特務機関が関東軍情報部としてセンターの役割を果たしていた。勝野と共に九段事務所の屋台骨を支えてきた高谷覚蔵も四二年に家族を連れてハルビンに渡った。西村庚も満洲へ転じた。中田光男によれば、高谷の転任は左翼出身者をなるべく中央に置かないという軍の新方針によるものだった。東京を離れなかった勝野にしても、ゾルゲ事件の摘発（四一年秋）以降、自分たちへの風当たりが強まるのを肌で感じていた。軍内部ですすむ硬直化の気配には矢部も大いに憤慨していた。ただ、満洲の空気は本土とは違っていた。高谷はハルビン特務機関近くに通称「高谷公館」と呼ばれる大きな屋敷を構え、現地の情報戦をリードした。

五、国境視察旅行の真相

一九四三年三月、大本営はついに、太平洋戦の完遂を図る目的で、「対ソ戦防止」方針を打ち出した。関東軍は前年一〇月に「軍」から「総軍」に名称のうえでは格上げされていたが、対ソ戦を避けるとなれば、将兵の草刈り場になるのも自然の流れだった。満洲から続々と部隊が南方へ抽出されていった。その分、満洲国の防衛は手薄になり、もし満ソ間が有事となっても、もはや関東軍には正規戦で立ち向かうだけの力は残っていなかった。参謀本部は戦略を練り直し、ビラ配布、ラジオを通じた対ソ心理戦を志向し始めた。九段事務所や淡路事務所の人材を活かして、「対ソ宣伝本部」の核となる「宣伝研究所」を動かそうとしていた勝野らは、対ソ心理戦のための宣伝ビラやラジオ放送原稿の作成に忙殺された。四三年三月から七月の終わりにかけての五ヶ月間に計三一回もの宣伝会議が開かれている（山本前掲書）。リュシコフが主導的な役割を果たしたのは言うまでもない。ビラは葉書二枚大ほどの大きさだった。ソ連共産党員に向けて、クレムリン内で起きたスターリンの女性スキャンダルに触れながら、政権の打倒を呼びかけた。財産の私有を制限するソ連の不自由さも日本や満洲国との比較でたびたびアピールした。また、ロシア正教を弾圧するスターリン政権への批判などもやったが、文字の羅列に終わっている。淡路事務所とうまく連携できなかった。それ以上に問題だったのは、ビラをソ連国内で撒く手段の頼りなさだ。宣伝工作は本来、スパイ戦、ゲリラ戦と一体で進めるべきものだ。関東軍に雇われた白系ロシア人スパイをビラの運び屋に立てるとしても、人員は限られており、撒ける枚数など高が知れている。赤軍将兵に厭戦気運を煽ろうというラジオ放送も、期待するほどの効果は上がらなかった。日本からの工作に気づいたソ連側は一般兵士のラジオ聴取を禁じたので、宣伝のターゲットは将校以上に限定され、しかも、その放送さえ電波妨害されることが多かったからだ。

戦後、月刊誌のインタビューで勝野は、「リュシコフとの思い出で最も印象深いのは？」と問われ、四三年夏の朝鮮・満洲への国境地区視察旅行を挙げている。四一年の独ソ開戦を的確に言い当てたリュシコフへの報奨代わりとの説があるが、時間が経ち過ぎていて不自然だ。まして、中国や太平洋の戦況が厳しさを増し、陸海両軍で多くの戦病死者が出ているなかで、褒美としての官費旅行でもなかろう。八課一一班の頭脳となっていた二人が、この時期、約一ヶ月に及ぶ長期出張に出た真の目的は何だったのか。

二人は起点となる京城を出て朝満国境を目指し、鴨緑江を渡って安東《あんとう》（現丹東《たんとう》）から満洲に入った。奉天（現瀋陽《しんよう》）、新京、ハルビンと回り、黒河、牡丹江、図們《ともん》を経て再び朝鮮総督府管内に戻った。そして元山、京城、釜山と辿って連絡船で日本本土に帰ったと勝野は説明する。この旅程のなかでは、「ハルビンで日本軍を訪ね」、「牡丹江で満洲〔国〕軍の演習を視察し」、「図們の国境から、ソヴィエト軍のトーチカ、守備兵が肉眼で見えるところまで接近した」。

勝野家には、京城市内のビルの屋上と思しき場所で、軍帽もかぶらず寛いだ夏軍衣姿の朝鮮軍司令官・板垣征四郎（元陸相）が背広姿の男三人と立ち話する写真が残っている。うち二人は明らかにリュシコフと勝野だ。その一事をもってしても、八課レベルの独断で決められるような出張でなかったことがわかる。戦後は万事オープンに体験を語った勝野でさえ、珍しくこの件に関してだけは、単に「参謀本部の命令」と言うのみで歯切れが悪い。旅の逸話らしい逸話といっても、「図們の前線地帯に一泊し、この地帯の作戦について、伊藤大尉という人と」話し合った際、供された「バター、チーズ、酒」などは、「ソヴィエトの極東軍に対するアメリカの援助物資で」、それが日本軍に密輸入されていた、といった他愛ないものだ。

勝野が口外を憚ったのは、恩人、土居明夫の絡みがあったからではないか。治安維持法違反容疑は晴れたものの、依然として周囲から色メガネで見られていた勝野を、参謀本部嘱託に採用して部内の雑音から守り、新たな道を拓いてくれたのが第五課時代の土居だった。勝

京城、1943年。左から板垣征四郎、土居明夫、勝野、リュシコフ（提供：稲田明子氏）

野は第一子の名付け親を土居に頼むほど厚く信頼していた。在ソ経験八年という土居は、四三年春から関東軍情報部長（＝ハルビン特務機関長・少将）の要職にあった。リュシコフと面識があったことから、その経験と能力を満洲国の防衛に役立てたいと熱望していた。つまり、二人を呼び寄せた人物こそ土居だったと考えていい。板垣との立ち話のスナップ写真に、後ろ姿で写り込んだもう一人の人物こそ土居に違いない。板垣自身も過去に関東軍で情報主任参謀を務めており、表敬の必要があったのではないか。

研究者の山本武利によれば、事実、土居は関東軍情報部長として、一時リュシコフを同部の嘱託に任命し、思想、政治、経済面のアドバイザーにしたという。そうであれば、この「視察旅行」はリュシコフにとってハルビン赴任の旅であり、同

土居明夫

時に事前研修だったはずだ。勝野はリュシコフが不安を感じないよう気心の知れた同伴者として配され、赴任先でのこまごました世話は旧知の高谷が引き受ける、という筋書きまで読めてくる。しかし、リュシコフと日常的に接していた中田光男が、この転任にまったく言及していないのはどういうわけだろう。はっきりしているのは、リュシコフのハルビン在任はなぜか超短期で終了し、東京に呼び戻されたということだ。当時、土居の下にいた高谷が一言も書き残さず、勝野さえ土居への配慮から多くを語らなかった以上、人事が瞬く間に覆った理由は藪の中だ。

以下は勝手な推測だが、リュシコフと勝野の往路は東京から軍用機で直接京城まで飛んだのだろう。万事が階級次第の軍隊で、嘱託身分の二人に空路の移動を許すのは破格だが、土居なら無理が通せる。リュシコフが超短期であれ関東軍情報部嘱託を務めたとすれば、復路は当然別になる。先に発った勝野は関釜《かんふ》連絡船を利用した。リュシコフのほうはまた軍用機だったと思われる。京城からリュシコフの身柄を東京まで移送した朝鮮軍参謀の班が、警備の厳しい下関で往生したことを思えば、そう考えた方が理に適う。

「視察旅行」が続いていた八月、東方社の経営危機が表面化した。それは激震の予兆だった。一〇月、参謀本部内の組織変更に伴い八課は突如廃止され、一一班も消滅した。八課はもともと中国・仏印・南方を担当する四班とソ連・アラブ担当の一一班から成っていたが、四班が存続部署となり参謀本部第二部長直轄に位置付けられた。

リュシコフとの連絡役を務めていた雇員《こいん》の中田は入営延期を取り消され、一兵卒として出征が決まった。すでにハルビンから参謀本部に復帰していたリュシコフは、一夜、神楽坂の料亭で中田のために送別の席を設けた。そして、「この戦争は敗戦必至だ、だが、君は死んではならない。死んだら犬死だ。君に話したソ連革命を思い出して欲しい。〝敗戦を革命へ〟と考えたレーニンの所謂〝二段革命論〟だ。革命は日本の敗戦後に迫っている。その時こそ存分の働きをして欲しい」としんみりと語りかけた（中田「リュシコフ大将に捧げるレクイエム」）。

中田はリュシコフの警句を心に刻んだ。何が何でも生き残ってやろうと誓った。一砲兵として配属されたのは、アムール河を挟んでソ連側の要衝ブラゴヴェシチェンスクと向かい合う満洲の黒河《こくが》だった。そこで中田は、襟章《えりしょう》の星ひとつの重みを痛感させられる。きのうまで参謀本部雇員として、大尉同等の扱いを受けていた身にはショックなことだらけだった。参謀本部に直接連絡し、呼び戻してほしいと訴えたかったが、手紙は検閲されており、露見すればただでは済まない。慰問の人に手紙を託す方法を考え実行した。

九段事務所、淡路事務所、東方社は、八課が消えたあともかろうじて存続した。ただ、東方社で岡田が経営危機の責任を問われ理事長職を追われると、勝野も同社に姿を見せなくなった。一一月になると、参謀本部はこれらとは別に御茶ノ水の文化学院を借り受け、分室を開設した。新たな対敵謀略宣伝センターにするためで、駿河台技術研究所、あるいは駿河台分室と呼ばれた。ここでは連合国の捕虜や日系人協力者らを使って、主に米兵向けに厭戦、反戦の気運を煽る謀略ラジオ放送を行った。

文化学院は実業家の西村伊作や与謝野晶子、鉄幹夫妻らが中心となり、大正期に開いた専門学校で、美術、音楽、文学等の分野で一流の講師陣を擁し、国の学校令に縛られずに感性豊かな人間づくりを目指した。日本初の男女平等教育を実施したことでも知られる。そうした進歩的な面が戦時下では体制側に反感を抱かせた。四三年になって、創立者たちの柱だった西村が不敬罪に問われ、学院は閉鎖命令を受ける。参謀本部はこの機を逃さず、対外宣伝担当の参謀が巣鴨拘置所に収監中の西村と面会し、校舎の借り受け交渉を行った（名倉有一

「戦略謀略放送の立役者—恒石重嗣参謀」）。文化学院はもうないが、アーチをテーマにしたモダンな建物の一部は現存し往時を偲ばせている。都心の一等地にあった目立つ校舎が米軍機の空襲を免れたのは、駿河台分室時代に連合国の捕虜が収容されていたためとされる。

文化学院（写真提供：朝日新聞社）

四四年春に九段事務所の建物が空襲で一部が破壊されたので、事務所機能は伝単部と共に堅牢な駿河台分室に移された（山本前掲書）。したがって、文化学院の建物には、当初ロシア色も見えたが、やがて学院全体がアメリカ的雰囲気一色になっていた、と当時事務方だった女性は振り返る（小林久子『猫のしっぽ』）。彼女は駅で偶然出会ったリュシコフに「今度の事務所、どこですか？」と声をかけられ、一緒に文化学院の建物まで歩いたことがあった。寂しそうだったと記憶している。リュシコフが抱えていた不安な心理とは別に、この証言で気になるのは、碑文谷から御茶ノ水まで出てくるのに、警護もなしに単独行動している気配があることだ。召集された中田に代って誰がリュシコフの新しい世話役になったのかも、よく分からない。ともかく、分室でリュシコフは「マラトフの加藤さん」と呼ばれていた。

第六章　リュシコフの最期

一、深まる孤立

日本の大都市を狙った米軍艦載機による空爆は一九四二年からあったが、四四年六月、北九州の八幡製鉄所が初めて大型爆撃機Ｂ‐29の標的になった。この際の出撃基地は中国内陸部の成都だったので、航続距離から見て九州北部が攻撃の限界と思われた。それでも、八月には東京、大阪、沖縄で学童疎開が始まった。日本統治下のマリアナ諸島を陥落させた米軍は、そこに大きな航空基地の建設を急いだ。一一月には、工事途上のマリアナ基地からＢ‐29を飛ばして、東京と名古屋の上空に侵入させるのに成功した。大都市では疎開先を探す住民の動きが急になった。

黒河駐屯の一砲兵となっていた中田光男は、発覚すれば大変なことになる参謀本部への直訴が実り、ハルビン郊外の予備士官学校に入学が許された。しかも時節柄、わずか一〇ヶ月の速成教育で見習士官に任官した。ところが、卒業後の初任地は中田が期待したハルビンの関東軍情報部ではなく、新京の同軍総司令部だった。人事班に出頭して、実はリュシコフの世話係でした、と申告すると、戦法班に回された。フィンランドで捕虜になり、どういう経緯か、関東軍預かりになっていたソ連軍少佐を相手に、彼らの戦法を聞き出してまとめ、司令部要路に配る資料作りが任務だ。職業軍人でない中田には、作戦や戦法についてろくな知識がなく苦痛だった。補助者として中田の下には、戦後、ソ連ウォッチャーとして名を馳せる内村剛介《ごうすけ》がいたが、内村もハルビン学院を出て徴用されたばかりの新米で頼りにならない。そこで中田はまた、関東軍情報部で情報主任参謀となっていた旧知の浅田三郎大佐を探し出し電話で不満を訴えた（日ロ歴史を記録する会前掲書）。浅田は矢部の後任者としてリュシコフを担当していたことがあり、気心は知れていた。

新京の関東軍総司令部

　それにしても、中田のように配属先や与えられた任務に対する不満を上官に率直に言えた軍人は、あまり聞いたことがない。ただ、参謀本部雇員を経験していた中田には、打てば響きそうな相手がよく見えていた。実際、訴えの電話を受けた浅田は、もともと中田を呼び寄せたかったが、新京（関東軍総司令部）に出し抜かれた、と応じ、一ヶ月待てと宥《なだ》めた。忠告に従って待つと、浅田のいう通り四五年二月、ハルビン行きの転任人事が出た。

ハルビンの関東軍情報部で中田は歓迎された。中野学校出身者ら八課当時の知り合いが大勢いたからだ。極度の人材不足もあったが、まだ新米少尉だったにも関わらず、参謀本部での経験が買われ、諜報班長、つまりスパイの元締めに抜擢された。部下は大卒の俊英ばかりだ。「お高さん」と呼ぶ仲の高谷覚蔵にも再会でき、また交流が生まれた。同じ頃、ハバロフスク放送がハルビンや満洲の状況を公然と批判し始めた。危険なサインだった。

中田が希望通りハルビンでの任務に就いて間もない四五年三月、勝野は三七年以来勤めた参謀本部嘱託を辞めて郷里の南木曽に帰った。「病気」は表向きの話で、視野の狭い軍人の横暴に我慢の限界が来たからだった。八課時代を共にした優秀な軍人たちは次々に戦地に出征して戻らない。参謀本部は対ソ調査研究を放棄してしまい、九段事務所は閉鎖され、東方社も活動を停止していた。

勝野が見るところ、軍の変調が顕著になったのは、東條英機が陸相から総理になるあたりからで、神がかりの大和民族優越論が強調され、「作戦」も「戦略」もなくなった。勝野は駿河台分室で企画部長を任されたが、アメリカに関する専門知識があるわけでなし、必要な提案をして議論になっても、軍人は「統帥権干犯！」などと言い出す始末だ。
「大規模な作戦を立てる準備は皆無、陸海軍の統一はとれず、戦略指導者は一人もいなかった。上層部は凡庸な古手軍人ばかりで優秀なものは戦死したり、戦線から戻らなかったりで、どうにもならなくなっていた。……駿河台分室には人無く策なし、私は先輩やお世話になった人達には申し訳ないと思ったが、将校たちの無知、無能さ加減には顔を見るのも嫌だった」（『凍土地帯』）。

参謀本部を去る決意を、同僚として長い付き合いになったリュシコフに打ち明けると、涙を浮かべて悲しんでくれた、と勝野は証言する。その頃、ソ連で日露戦争終結四〇周年にちなみ、『旅順港』という本が出版された。内容を把握したリュシコフによれば、旅順港で我々は日本軍に負けたが、あれはロシア軍の敗北というよりツァーの将軍たちの無能で敗れたのだから、今度は負けることはない、というものだった。これはソ連の侵攻が近いかもしれないとリュシコフは指摘し、勝野も同感だった。勝野は郷里の住所を日本語とロシア語の両方で書いて、万一のときは頼って来いと伝えた。その紙片を渡すとき、勝野はラーゲリを出所したあと、ソ連で味わった深い孤独を思い出していたのかもしれない。それが二人の最後の別れになった。

ハルビンでは中田が上官から、ソ連の参戦時期はいつか、その研究だけに専念するよう命じられていた。新米少尉だが、参謀本部時代に門前の小僧として身に着けた多少の蓄積はある。どうやればそれが分かるか、兆候をつかめるか。

中田は複数の手を打つことにした。第一は、ウラジオストクから陸揚げされ、シベリア鉄道に乗せられるアメリカからの援ソ物資の送り先を見定める方法だ。物資がヨーロッパまで送られる場合もあるし、極東に留まることもある。上り坂で重い貨車ほどスピードが鈍ることに注目し、満鉄社員を使って、満洲領から見えるシベリア鉄道の定期列車をチェックした。第二に、ソ連極東の人々が日常に交わす普通電報のうち、兵士と家族の間のやり取りを重点的に傍受した。方法は単純で、二本の電線を並行して何キロも敷くと、隣接する電線に干渉が起きる原理を使った。満ソ国境近くに干渉を招くための線を敷設したのだ。第三に、独ソ開戦以来、一〇〇〇人近くになっていたソ連からの不法越境者を吟味し、偽装スパイの疑いが晴れた者を積極的に放免し、情報源として期待した。

赤軍はドイツがまだ降伏しない三月の段階で、ヨーロッパ戦線に集めた兵力を徐々に極東方面にも振り向け出していた。まぎれもない対日参戦の準備だ。四月五日、ソ連は中立条約を延長しない旨、日本に通告した。軍部は当然身構えたが、外務省は不延長通告後も翌年の失効期限まで同条約は有効とみて、終戦の仲介をソ連に期待した。呆れた情報センスだが、この発想が重臣らに受け入れられ、ついには昭和天皇にまで伝染してゆく。同月二五日までにベルリンはソ連軍に完全に包囲された。二九日、市街戦が続くなか、ヒトラーは愛人エヴァ・ブラウンと結婚の誓いを立てた。翌三〇日、総統官邸地下壕でヒトラーとエヴァは毒薬を煽り自殺。五月二日までにベルリン防衛軍が降伏し、九日までには全ドイツ国防軍が無条件降伏した。

1945年5月15日、ソ連への降伏文書にサインする独のカイテル元帥

ソ連の対日参戦はいつか、そのタイミングを探る研究の期限とされていた六月初めまでに、中田は侵攻時期を九月と結論づけた。関東軍総司令部に出張し参謀たちの居並ぶ前で説明に及んだが、一少尉の意見など聞けるか、と軽んじられ屈辱に塗れた。米軍による広島、

長崎への原爆投下という予期せぬ波乱要素がなければ、図星だったかもしれない、と中田はのちに振り返る。

「その頃、リュシコフから葉書が来た。ひらがなの文面には、間もなくハルビンに行き、一緒に仕事をするのを楽しみにしていると書かれてあった。私も再会を楽しみにしていたが、それは遂に叶わなかった」(中田前掲書)。

東京に身の置き所がなくなっていたリュシコフの満洲転任は、参謀本部で矢部の後任を経験した満洲在任の浅田三郎が主導していたようだ。空襲の絶えない東京より満洲は安全だし、リュシコフの分析力も活かせる。本人もそれを望んでいた節があった。駿河台分室で対米プロパガンダの企画を中心的に担った八課嘱託・池田徳眞によれば、五月のうちに、本土決戦の体制づくりの一環として、組織内から元左翼分子をひとり残らず満洲に送り出す詳細な計画が作成された。「旧派」の軍人は、〝死間〟に攪乱される可能性をゼロにしたかったのだろう。その最後の一人が、T・松木と改名したリュシコフだった。分室で「マラトフの加藤さん」で通っていた彼が、この時点で改名したのはなぜか。自ら望んだとすれば、それは覚悟の表れか、あるいは過去との決別か。ともあれ、七月二七日に飛行機で現地に送られた(池田『駿河台分室物語』)。リュシコフ離日の日付まで具体的に言及している点で、この池田証言は貴重だ。

二、激動の八月

亡命以来、内外記者を呼んで開いたただ一回きりの記者会見と、一般読者を対象に執筆した『改造』の諸論文を除けば、市井の日本国民にはまったく見えないところで生きていたのがリュシコフだった。その存在は戦後ほとんど忘れ去られた。ＧＨＱの占領統治が終わり、「言論の自由」が看板倒れでないことが分かると、旧軍関係者らによる回顧談や戦争秘話が続々と公表されたが、リュシコフの周辺には、ろくに光が差さなかった。ところが、一九七八年になって、推理作家の檜山良昭《ひやまよしあき》が現代史ミステリー小説『スターリン暗殺計画』をひっさげてデビューし、開高健《かいこうたけし》に激賞されたことから、突如として風向きが変わった。この小説では、亡命後のリュシコフが自らスターリン暗殺を志し、ソ連潜入班に加わるため、満洲の大連から欧州航路の客船に乗り、イタリアのナポリで下船して、ソ連の避寒地《ひかんち》ソチで静養中のスターリンを狙おうと試みるが、失敗して殺されることになっている。ストーリー自体は荒唐無稽なものだが、満洲国や旧帝国陸軍にまつわる歴史的事実が、証言や資料の形で散りばめられており、読者のなかには実録本に近い作品と受け止める向きが少なくなかった。

こうした話題作の登場は、ノンフィクション本や硬派雑誌に携わる編集者を大いに刺激した。歴史の闇に沈んでいた「リュシコフのその後」を、再照射に値する格好のテーマと捉え、檜山作品のヒットに便乗して、「売れる本」、「購買欲をそそる特集記事」を仕立てたい、と考えたとしても不思議はなかった。しかも、リュシコフと実際に袖すり合わせた関係者の一部はまだ存命で、定説を覆すような新証言も期待できた。当時、朝日新聞編集委員だった川口信行が「週刊朝日」に執筆した記事も、西野辰吉の手になる長編評伝と同様に、そうした狙いから生まれた意欲作のひとつだった。川口の取材と中田光男の回想などをベースに、以下、リュシコフのその後を追跡してみる。

浅田三郎は、四四年末に関東軍情報部（ハルビン）の情報主任参謀となり、四五年四月には関東軍総司令部（新京）第二課長に転じた。その間、折に触れリュシコフの満洲転任に向け根回しをすすめた。

リュシコフの分析眼を生かせるのはハルビンの特務機関だが、同地はソ連国境に最も近い拠点都市だ。しかも、種々の反満洲国工作の総本山になっていたソ連総領事館がある。また、三万人規模の白系ロシア人社会が存在し、工作員がもぐりこむにはお誂えだった。ソ連軍が国境を突破すれば、ハルビンは外からだけでなく内からも攪乱される。浅田はリュシコフを、満ソ国境からはるかに離れた大連に落ち着かせようと考え、大連特務機関長で旧知の竹岡豊大尉に書簡を送り、現地での受け入れ準備を命じた。実際のリュシコフ到着より半年も早い四五年一月頃だったというから周到だ。

1940年頃のハルビン市キタイスカヤ通り

大連にも、ハルビンほどではないが白系ロシア人が一〇〇〇人近く住んでおり、それを後背地として、シベリア出兵以来日本軍と繋がってきた白軍の退役コサック将軍セミョーノフが根城を構えていた。一方ではソ連の領事館もある。革命の仇敵であるセミョーノフの首をとるため工作員が送り込まれているだろう。その点、大連に隣接した旅順は、日本海軍の要港部があって堅固な要塞に守られ、一帯は外国人居住禁止区域に指定されているから狙われる心配はまずない。竹岡は万一の場合を考えて、旅順の陸海軍、警察当局など関係先から了解を取り付け、リュシコフ到着の折には満鉄が経営する黄金台ヤマトホテルの別館を丸ごと借り受けることにした。

リュシコフが満洲入りして大連に到着するまでの動静に触れた証言は、ただ一つしか見つからなかった。大連特務機関付の上野健太郎憲兵曹長によるものだ。上野は機関長の竹岡から、新京に赴きリュシコフを連れてくるよう命じられ、ただちに現地入りした。そこには高谷もいた。上野によると、「その夜は三人で［新京の］ヤマトホテルに泊まった。夜半すぎ、空襲警報が鳴り、三人してホテルの防空壕に退避したが、夜が明け、ソ連が対日参戦したことを知った。で、急いでリュシコフ［と高谷］を大連に連れて帰った」（川口前掲書）。

ハバロフスク時間の九日午前一時を期して、ソ連軍は東西から北から、幾重にも分かれて一斉に満洲へ雪崩れ込んできた。勝野金政は郷里の南木曽でソ連参戦の一報を知り、ついに来るものが来た、との思いに囚われた。「私は咄嗟に、新潟県あたりに上陸して日本を縦断して東京を衝き、主力部隊は北海道を占領する作戦ではないかとおそれた」（『凍土地帯』）。東京進駐はともかく、スターリンが実際、北海道の北半分まで呑み込む意図を持っていたことは、のちの歴史検証で明らかになっている。終戦の日が来ると、勝野は手元にあった参謀本部時代の資料をすべて燃やした。土居明夫や甲谷悦雄も参列した軍人会館での結婚式の写真まで焼いた。「そして、いよいよソ連軍が進駐してくる場合を考えると非常な恐怖におそわれた。ソ連軍の実態を知っている私には、言うに言われぬ恐怖だった」。

日付は相前後するが、リュシコフの運命に関わるドラマの幕が上がったのは、緊迫するハルビンだった。中田は上官の山下務大佐から呼ばれた。山下はハルビン特務機関の情報主任参謀を浅田から引き継いでいた。

「『リュシコフ大将を暗殺せよ、直ちに大連に赴き、大連特務機関長と連絡し実行せよ』との命令だった。一瞬考えて『私にはできません。公私混同かもしれませんが……。なぜ殺さなければならないのですか』、『参謀本部からの命令だ』、『陸軍は彼に大恩があります。私にはできません』。押し問答が続いた」（中田前掲書）。山下はウーンと唸ってそれ以上言葉にしなかった。中田はその足で高谷の事務所を訪ね、経緯を話した。すると高谷がとっさに、その仕事、俺にやらせてくれ、と言い出した。高谷にしてみれば、自分の経歴からしてソ連軍に拘束されれば極刑が待つだけだ。中田が言われるまま高谷を山下のもとに同道すると、高谷は条件交渉を始めた。平時ではありえないが、上意下達が機能しない関東軍の断末魔を見透かしたのだ。条件の一つ目は報酬として現金七〇万円（一説には三〇万）を支払うこと、二つ目は飛行機を出して家族ともども日本へ帰還させること、三つ目は持っている資料を完全焼却することだった。山下は三条件を呑み、契約成立の証しとして拳銃を高谷に手渡した……。

リュシコフは中田に宛てたひらがなの葉書で、ハルビン行きを示唆してきたが、二人の再会は叶わなかった。もし、亡命者が空路ハルビンに到着したなら、何はともあれ中田がいる関東軍情報部（ハルビン特務機関）に出頭するはずで、高谷がリュシコフと別行動なのも不自然だ。つまり、東京を発ったリュシコフが実際に降り立ったのは、ハルビンではなく新京ではなかったか。現地の関東軍総司令部には、転任を根回しした張本人、浅田三郎がいた。上野憲兵曹長が新京に駆け付けたとき、リュシコフと一緒だった高谷は、ハルビンで暗殺指令を受命し、急遽出発して追いついたのだろう。

大連でリュシコフと高谷を迎えた竹岡は、特務機関に案内して休ませたうえ、そのまま旅順に送り出した。一夜明けて、旅順・黄金台ヤマトホテルの高谷から竹岡に電話があり、「情勢の変化に対処するため、一応、大連に戻りたい」との希望を伝えてきた。竹岡は了承し、大連ヤマトホテルに二人の部屋を確保した。大連に戻ったリュシコフと高谷は、竹岡の特務機関長室であれこれ相談したが、途中で高谷が竹岡だけを別室に招じ入れた。高谷は「リュシコフは若干日本語を理解するのでここに来ていただいたのだが」と前置きし、とりあえず自分一人で新京に帰り、リュシコフの身柄について、指示を仰いで来たいとして、「ついては、いま新京の司令部と連絡を取ったところ、そのような指示があったからと、リュシコフの前で言って貰いたい」と提案した。この時点で関東軍総司令部は朝鮮国境に近い満洲国の臨時首都、通化に移転し、新京には一部の機能が残るのみだった。大混乱のなかで新京に駆けつけても、適切な指示が得られるか、竹岡には大いに疑問だったが、高谷にも家族がいるだろうし、と思い直し、提案を受け入れた（竹岡豊「私がリュシコフを撃った」）。

中田によると、ハルビンに帰り着いた高谷から、「殺ってきた」と連絡があったのは一五日の朝。暗殺の依頼主、山下にしてみれば、高谷の言葉に嘘はないか、成功報酬を払う前に、大連に確認するところだが、通信手段が途絶え、それもままならない。飛行機の手配も無理で、高谷には約束の金だけ渡すしかなかった。家族を連れ高谷は陸路で慌しくハルビンを去ったが、実際にはリュシコフを撃つどころか、旅順、大連にアリバイ的な足跡を残し時間を稼いだだけだった。はじめから山下をペテンにかけるつもりだったわけだ。さすが何度となく危ない橋を渡ってきた筋金入りの元ＯＭＳ要員、小者にはできない立ち回りだが、高谷はリュシコフの置かれた危機的状況に、意を決して介入しようとしなかった。いわば見捨てきたに等しく、初めからリュシコフ殺害に手を染めるつもりがなかったにしても、それが精一杯の誠意だったとは到底言い難い。

そんな大芝居に巻き込まれていたとは夢にも知らない大連の竹岡は、ひたすら高からの連絡を待つが何の反応もない。関東軍総司令部からも、ハルビンの同軍情報部からも無しのツブテのまま、終戦詔勅が出る八月一五日を迎えた。

三、告白

陸軍中野学校出身の大連特務機関長・竹岡豊は終戦時まだ二八歳。彼の戦後は、一一年にも及ぶ長いシベリア抑留から始まった。寒さと粗食と重労働、そんな抑留先の過酷な環境を生き延びた相当数の日本人が帰国を許されるのは一九四八年春からで、多くは四九年末までに帰還を果たした。もっと長く留め置かれたのは、主に情報、諜報に関係した将兵や民間人、あるいは反ソ行為の廉《かど》で戦犯とされた者たちで、竹岡も未決のまま長期勾留されたあと、禁固二五年の刑を言い渡された。モスクワから北東に約三〇〇キロ離れ、それまでドイツ軍士官捕虜がいたイヴァノヴォ収容所（NKVD第四八ラーゲリ）に収監された。そこで近衛文麿の長男、文隆《ふみたか》と一緒になった。

舞鶴港に到着した抑留からの帰還兵

文隆は米プリンストン大学で学んだリベラリストで、全米学生ゴルフ界のトップに立ったこともあるスポーツマンだった。父の文麿に日本社会への順応を危ぶまれ、上海に職を得たが、日中戦争終結工作に関わって摘発された。懲罰的に召集され二等兵として満洲の辺地に送られた文隆は、元首相の子息とはいっても特別扱いは受けず、幹部候補生考査に合格して、ソ連軍に武装解除された時点では砲兵中尉になっていた。ソ連側は彼の階級や兵科より出自を重視し、対日カードとして利用すべく抑留を長引かせた。結局、生きて日本の土を再び踏むことは叶わず、死の事実だけが伝えられた。その死因を巡っては今日に至るまで様々

近衛文隆

な説が囁かれてきた。
満洲国政府の外交官で、竹岡や文隆と同時期にイヴァノヴォ収容所に居合わせた佐藤休《やすむ》によれば、文隆は大日本武徳会武道専門学校（武専）出身の元二等兵に殴られた怪我がもとで死んだ。京都にあった同校は珍しい武道家専門の育成機関で、ときに死者まで出す猛稽古で知られていた。きっかけは、収容所の洗濯場で首つり自殺して果てた軍医の遺体を、元二等兵が文隆に空中から降ろせと命じたことだ。結果的にそれがうまくできなかった文隆に、元二等兵の男が腹を立て、執拗に鉄拳制裁を加えたという。一方的で理不尽な暴力沙汰があった直後、湯気が立ち込めた洗濯場でまだ宙づりのままの遺体に遭遇して、「わぁーっと悲鳴に似た大声で私［佐藤］に倒れ掛かってきた」のが竹岡だった（日ロ歴史を記録する会前掲書）。この体験談から窺えるのは、竹岡が少なくとも人の死に不感症な軍人でなかったことだ。実際、盧溝橋事件に始まる昭和の戦争時代をずっと軍人として過ごしながら、一度も弾の下をくぐる経験をしていない。ただ、万事秘匿を旨とする諜報の世界を泳いできたのも事実で、身をもって知っていた文隆の死の経緯さえ、竹岡は生前、何ひとつ口外しなかった。

日本に生還した竹岡は、やがて紹介者を得てフジテレビに入社する。同社は、日共党員の大物転向者第一号（いわゆる解党派）となった水野成夫《しげお》が実業界で成功し、同じ財界人の鹿《しか》内信隆《ないのぶたか》と組んで設立した企業で、冷戦期の財界の利害を代表する反共メディアだった。水野の没後、鹿内がフジテレビ、文化放送、ニッポン放送、産経新聞を軸とする、いわゆるフジ・サンケイグループ全体の初代議長に就く。その鹿内の秘書として長く仕えたのが竹岡だった。「秘書時代の竹岡は常に［鹿内］信隆の数歩後ろにピタリと付き従い、危急の時には身を挺して守る役柄だったという」（中川一徳『メディアの支配者』）。陸軍中野学校出身の秘書という触れ込みが、第三者にある種の威圧感を与えたのは想像に難くない。鹿内家のプライベートな雑事の処理にも深く関わったが、これも口の堅さを見込まれてのことだ。同校の卒業生には「中野は語らず」という鉄の掟が課せられていたといわれる。拷問に遭っても口を割るな、という戒めだ。そんな竹岡だったが、檜山良昭の小説が事実に近いものと受け取られる風潮には、さすがに黙っていられなくなった。関連会社のフジ・サンケイエー

柳田元三

ジェンシィ社長だった七九年、長い沈黙を破って、リュシコフの最期に関し一部メディアの取材に重い口を開いた。

四五年八月一八日、これ以上リュシコフを放置できないと感じた竹岡は、関東州防衛司令官・柳田元三《やなぎたげんぞう》中将を訪ね直接指示を仰いだ。大連、旅順を含む遼東半島南部全体の守備に任ずる責任者だ。柳田は、日本軍史上、最悪の作戦と言われたインパールの戦いで、指揮官の牟田口廉也《むたぐちれんや》中将と対立し、師団長の座を追われた将軍の一人で、いったん予備役に編入されたあと、戦争末期に現役復帰していた。かつて東欧二国の駐在武官や関東軍情報部長などを歴任した人物だが、リュシコフのその後に関してはほとんど知らなかった。そこで竹岡は詳細を説明したうえで、自ら五つの選択肢を具申した。

①内地への送還
②北支《ほくし》方面へ逃がす
③自決させる
④運命のまま放置する
⑤ソ連軍への引き渡し

一四日の閣議でポツダム宣言受諾を決めた鈴木貫太郎内閣は同時に、国家規模での重要機密文書の焼却を決定した。これを受け、陸軍省は全軍に対し、各部隊、官衙《かんが》（官庁や役所）、学校などで機密文書の焼却を急ぐよう指令した。その指令が漏れなく行き届いたわけではないが、終戦が決まると内外地を問わず、将兵たちはまるで申し合わせたように焼却作業に没頭した。戦争責任回避のためだ。対ソ情報戦で参謀本部の頭脳の一部となってきたリュシコフの存在は、言ってみれば「生きる対ソ極秘工作資料」だった。竹岡が示した選択肢はこの観点に立って発想されている。

とはいえ実際には、①はもはや交通手段がないし、⑤もあり得ない。④にしても極秘資料を成り行き任せにするのと同じだ。その点、資料焼却と同じ意味を持つのは③だけだ。しかも「自決」は、生きて虜囚の辱めを受けず、と徹底して叩き込まれた日本の将兵にとって、追い詰められた場合に採るべき唯一の道と理解されていた。修羅場の経験がないだけにかえって軍紀に忠実であろうとする竹岡が、リュシコフの命の長らえに無関心で、こうした思考パターンに陥るのは致し方なかったかもしれない。だから竹岡が具申した選択肢には、「殺害」という直截な言葉はもとより、その婉曲表現にあたる「処分」の二文字も初めから入っていなかった。

柳田は当初、②に傾いていたが、「逃してやっても結局は捕まるだろう。……やはりこのさい可哀相だが処分した方がよかろう」と言い方を変えた（竹岡前掲書）。竹岡は困惑した。まだ若く、情報畑しか知らず、戦場経験のない身にとって、「処分」は高いハードルに思えたからだ。竹岡は結局、あくまでも「自決」を求めることにした。

一八日中にやっと上官の意向が確認できたというのに、竹岡は翌一九日をやり過ごしている。逡巡があったのは明らかだ。二〇日夕刻になってようやく、大連ヤマトホテルにリュシコフを自ら迎えに行き、岩本嘉一通訳を挟んで機関長室で向き合った。このときの心境を竹岡はのちに次のように振り返っている。

「私とすれば、自決は当然のことと思った。私なら、そうするし、それ以外に道はないと思ったからです。しかし、リュシコフは自決なんてとんでもない、という。とにかく逃げら

リュシコフが滞在していた大連ヤマトホテル

れるだけ逃げて、そのうえで捕まれば仕方がない、という考えだった」（川口前掲書）。八課時代にリュシコフはアメリカ行きを求めて、矢部を困らせた。竹岡の前でアメリカへの亡命希望を口にした様子はないが、自分の身の振り方として、当然のように②を考えていたわけだ。「結局、私は、彼と私の国民性、人生観、性格等の相違を発見し、自決させる事の無理であることを知り、最後の腹を固めねばならなくなった」（竹岡前掲書）。

以降は、川口による客観描写をそのまま引用したほうがいいだろう。

「二時間くらいたった頃、決心すべきと肚をくくり、竹岡大尉は席をはずして拳銃（コルト）をとりに階下に下りた。しかし、コルトを右のズボンのポケットに入れて帰ってきたものの、いざ決行となると心が重い。ポケットの中で手がふれるピストルは、汗でぐっしょりぬれていた。再び、話し合いは一時間ほど続いたが、最後までリュシコフは『自決』を拒んだ」、「時刻は夜の十時を過ぎていた。竹岡、リュシコフ、［通訳の］岩本の順で大連特務機関の玄関の石段を下ったとき、一番先頭の竹岡大尉が、ふりかえりざま、一メートルと離れていないリュシコフに向けてピストルを発射した。瞬間、身の危険を直感したリュシコフは、竹岡大尉のピストルを払う仕草をしたが、間に合わなかった。夜の住宅街に、ピストルの音が異様に高く響いた。玄関横の受付のところで、この様子をみていた数名の機関員のうち、有満一男（軍属）は、銃声と共に飛び出し、竹岡大尉に訊ねた。『どこを撃ったのですか』、竹岡大尉が、『胸のあたりだったと思う』と答えると、有満は『それはダメです』といって、落ちていたピストルを拾い、リュシコフのコメカミに止《とど》めの一発を撃ち込んだ」。

四、洗脳調査

中田光男は竹岡豊と同じ関東軍で情報、諜報に関わってはいたが、戦時中は接点がなかった。終戦も満洲の北と南に分かれて迎え、戦後の歩みまで対照的だった。

関東軍情報部（ハルビン特務機関）を制圧するため、ＮＫＶＤが空路七〇名の兵を送り込んできたのは八月一八日。同部の大部屋で部下と待機を命じられていた中田は、日付がかわった深夜二時に「将校集合」との命令が出たのでピンときた。行けばそのまま捕まる。必ず生きて帰れ、というリュシコフの言葉が甦った。逃げても助かる目算はなかったが、部下の二人が付いていきたいと申し出ていた。建物は元イギリス領事館だったところで、中田らの待機部屋はソ連兵のいない棟にあった。三人で密かに戸外に抜け出し駅へ急いだ。明らかな脱走行為だが、後ろめたさなど微塵もなかった。参謀本部八課の雇員から関東軍の情報将校に転じた経歴からして、ソ連側に捕まれば他の兵科の軍人より厳しく責め立てられる。事実、情報・諜報関係者に対するＮＫＶＤの取り調べは容赦のないもので、残忍な拷問に遭い処断された者も少なくなかった。たとえば終戦時に樺太（現サハリン）にいた第五方面軍特種情報部の蟹江元少佐や、満洲の北西端チャムスの特務機関にいた河西太郎中佐は、抑留者としてではなくソ連国内法のスパイ容疑で拘束され、どちらも四七年に銃殺刑に処せられている（加藤哲郎「旧ソ連日本人粛清犠牲者・候補者一覧」）。

ハルビン駅で中田らは勢いのまま、駅長を掴まえ拳銃を突き付けたが、動く列車など一本もない。それでもいくつかの幸運に恵まれ、二一日朝に満洲国の首都、新京までたどり着いた。ソ連軍の侵攻で、いったん新京から通化《つうか》に難を逃れた同軍の総司令部は、終戦の詔勅を受けて再び元の新京に戻っていた。それでも停戦交渉は始まったばかりで混乱の極みにある。勝者としてソ連特使は一九日に新京に入っていたが、全市の制圧はまだ先の話だ。身を隠す場所として満鉄を思い浮かべ、満鉄の知人を訪ねた。軍服姿では危ないといわれ私服を借りたが、考えてみれば、鉄道を支配する満鉄にはソ連軍が真っ先に乗り込んでくるだろう。それで満洲重工業に駆け込み社長の高碕達之助《たかさきたつのすけ》（のちに通産相、経企庁長官）に、ロシア語ができると売り込んだところ、太っ腹なことに社員扱いにしてくれた。その後は、傍若無人なソ連の進駐兵を相手に綱渡りのような日々を過ごし、四六年秋に始まった帰国の列に加わった。関東軍の情報将校としては極めて珍しい運の いい体験だ。

竹岡が長い抑留生活を終えて帰国すると、中田は竹岡を探し出して直接会い、リュシコフの最期を確かめている。中田にとってリュシコフは、「終生忘れることができない三人の巨人」の一人だ（中田前掲書）。だから、ぜひ聞いておきたかった。中田の記憶によれば、竹岡は柳田中将から「俺が責任を持つから、殺さなければならないならば、殺したほうがいい」と言われたため、呼び出したリュシコフに拳銃を渡して、これで死んでくれと言った。押し問答になったが駄目だった。「その前に打ち合わせしてあって、下士官に命じて、リュシコフが階段を降りる時に、上からポーンと撃ったんです」と聞いた（日ロ歴史を記録する会前掲書）。

部下に命じて階段の上からリュシコフを撃たせた……、竹岡の話をそう記憶する中田。一方、竹岡が下から撃ち、有満が止めを刺した、と受けとめた川口。二つの伝聞は細部が一致しない。月刊『文藝春秋』の編集部が聞き書きし、竹岡の名前で発表した前掲の回想では、階段を自分（竹岡）、リュシコフ、岩本通訳の順に直線になって降りていたから、振り向きざまに撃ったのでは、岩本に当たる危険があり、自分はそれを計算してピストルを抜いた、と細かい描写がある。また、三人が話し合いをやめて特務機関の建物を出たのは、これから港にリュシコフの逃亡に使える船を探しに行こう、と自分が水を向けたからだとも語っている。

五三年、中田は新しく発足した総理府・内閣調査室に採用された。この組織は、米ソ冷戦を受けて、占領下の日本でGHQ参謀第二部（GⅡ）がすすめていた抑留帰還者の思想調査を引き継ぎ、抑留先で赤化した人物を炙り出す活動を行っていた。中田は同年から五六年まで、ソ連から帰国した長期抑留者約三〇〇〇人の聞き取りを担当した。

同調査で東北地方在住の橋本多利蔵という元下士官に会ったときのこと。橋本は、これまで誰にも言わないできたが、実は私がリュシコフを殺したんです、と告白した。「自分が殺した」ということは、有満一男軍属の名前を挙げなかったということだ。殺害時の模様をあらかじめ竹岡から聞いていた中田は、「事前の打ち合わせに従いリュシコフを撃った下士官」というのは橋本だったのか、と大いに驚いた。そして、本来は自分が殺すはずのところを、巡り巡ってあなたが殺すことになったんだ、と思わず裏話を打ち明けたうえ、竹岡大尉の命令なのだから、罪に感じる必要はない、と慰めの言葉までかけた。「この人は、別に自慢してもしょうがない立場であることを考えても、直接手を下した人物に間違いないと思っている」というのが中田の感触だった。

ところが、川口が竹岡本人に取材した話のなかでは、有満がリュシコフに止めの一発を浴びせたあと、現場に慌てて駆けつけてきた機関員の一人として橋本多利蔵兵長の名が初めて出てくる。橋本は嘱託の宇根信夫らと一緒に倒れ込んでいるリュシコフを軍用毛布に包み、大連特務機関の地下室に運んだ。深夜零時近く、竹岡は柳田中将の官舎に走り、就寝中の柳田を起こして「処分」の完了を報告した。加えて、ハルビンからたまたま出張中の特務機関関係者が自決したことにして、正式な死亡診断書と埋葬許可証を受けたいので、陸軍病院長にお口添えを頂きたいと申し出て快諾を得た。その手続きの結果、リュシコフの遺体を火葬に付し、二二日、遺骨を大連の無縁仏を祀る寺に納めることができた（竹岡前掲書）。ソ連の大軍が大連侵攻を開始したのはまさにその夕刻だった。落下傘部隊の急襲を受けては、数々の修羅場を切り抜けてきた白軍退役将軍セミョーノフさえ、逃げるいとまもなく一族ぐるみ捕縛された。

橋本のそれまでの軍歴は不明だが、中田にリュシコフ殺害の実行者だとあえて告白したのは、掛け値なしの事実だからか。そうではなく、橋本なりの周到な計算があったのではないか。端的に言えば、政府による思想調査という得体の知れない接触に身構え、赤化などとは無縁の、軍務にいたって忠実な軍人だった、と印象付けたかったのかもしれない。竹岡は殺害現場に居合わせた機関員に対して、「このことは無かったこととして、決して他言しないように」と釘を刺した。その場には橋本もいた。誰も真相を明かさないなら、どうとでも説明できる。日本は独立を回復し、兵士としての行為が罪に問われることはないのだから……。

ちなみに、竹岡の前掲書に「有満」は出てきても「橋本」の名前はない。リュシコフの死に関わって、有満一男軍属と橋本多利蔵兵長、それぞれの役割を明確に書き分けているのは川口の記述だけだ。ここは川口の記述を重くみていいのではないか。

エニセイ川

中部シベリアの中核都市クラスノヤルスクには世界で五番目に長いエニセイ河が流れる。九七年、大河エニセイに浮かべた船上で、新生ロシア連邦の初代大統領ボリス・エリツィンと橋本龍太郎総理の首脳会談が行われた。その結果、九三年の東京宣言に基づき二〇〇〇年までに領土問題を解決し、平和条約の締結を目指すとする「クラスノヤルスク合意」が交わされた。大男のエリツィンを見上げながら、小柄な橋本が精いっぱいの作り笑いを浮かべる映像が各局ニュースのトップ項目で報じられた。両首脳が濃密な時間を過ごした水域のはるか下流（北方）には、かつていくつもの収容所が点在したナリンスク地区がある。リュシコフに止めを刺した軍属の有満一男は大連でソ連軍に拘束され、場所を変え尋問を受けたあと、ナリンスクのラーゲリに移送される途上の船中で病没したという（川口前掲書）。リュシコフが無縁仏の扱いで眠るという大連の寺の名は、竹岡の回想にも、川口や中田の伝聞証言にも一切記されていない。

戦争が終わっても勝野金政は郷里の南木曽を離れず、製材・材木商の家業に励んでいたが、GHQはその特異な経歴を見逃さなかった。占領軍の尉官が訪ねてきて、宿舎と食料は保証するから、東京に出て来いという。なにしろ冷戦が始まっていた。ソ連の影響下にあった日共や在日朝鮮人組織の動きを探らせたかったらしい。松本にあったCIC（GⅡ傘下の諜報組織）からも同様に誘われた。アプローチは左翼からもあった。合法化された日共の指導者、徳田球一《きゅういち》の側近に知人がいて熱心に入党を誘われたし、日共長野県委員会関係者からは選挙への出馬を打診された。勝野はどの勧誘にも一切応じなかった（「参謀本部のなかで」）。

激動の時代を生き延びられなかった者にも「戦後」はあった。大粛清が開始された初日に、スパイ容疑でＮＫＶＤに逮捕された医学者、国崎定洞は銃殺刑に処せられていたが、日本の知人たちには知る術がなく、生存に望みをつなぐ者もいた。七五年になってドイツ人妻フリーダの存命が西ベルリンで確認され、やっと事実が伝わった。彼女の話から、国崎の名誉回復がその一六年前にソ連政府によって終わっていたことも判明した。ソ連の崩壊によって、モスクワの旧コミンテルン史料館から流出した資料のなかに、国崎の供述調書が含まれており、冤罪の詳細も見えてきた。

これに対して、勝野の名誉回復は大きく遅れた。片山潜の私設秘書として国崎の前任者だった勝野は、ＮＫＶＤによる逮捕も国崎より七年早い。党書記長ゴルバチョフの号令でグラスノスチ（情報公開）が大きく進展していた八九年、ソ連司法当局は三〇年代から五〇年代初めに弾圧の犠牲となった者に「正義の回復」を行ったが、そのなかに勝野の名も含まれていた。ただし、遺族からの請求で最高検察庁総軍検事局が「名誉回復証明書」を交付するのは、ソ連崩壊後の九六年。課題として残された一件書類の発掘はさらに遅い。遺族と研究者の加藤哲郎らが九八年にモスクワ入りし、旧コミンテルン史料館ではなく、旧ＫＧＢ文書館に保管されているのを突き止め、ようやく「勝野金政ファイル」の閲覧が叶った（加藤哲郎「勝野金政のラーゲリ体験と国崎定洞の粛清」）。

長い沈黙を破って勝野が文筆活動に復帰するのは七〇年代からだ。フルシチョフのスター

1975年に行われた国崎定洞を偲ぶ会（提供：稲田明子氏）

リン批判から二〇年近く経ていたが、古手の左翼人士の目に、勝野は相変わらず転向者、反共主義者と映っていた。そうと知りながら勝野は、冷たい視線が交じる「国崎定洞を偲ぶ会」（七五年）にあえて出席した。国崎の友人たちが知らない片山潜との関係などを証言できるのは自分しかいないと考えたからだ。「偲ぶ会」への参加は、「勝野にとってのネットワークの回帰であり、日本における『名誉回復』の端緒となった」（加藤前掲書）。

五、ラトヴィアの奇跡

関東軍総司令部第二課長（情報主任参謀）で終戦を迎えた浅田三郎は、大連特務機関長の竹岡豊大尉に保護を託したリュシコフのその後を知らないまま、ソ連国内で長い抑留生活を送った。モスクワ郊外のウラジーミル監獄で、ドイツ人将校らと共に収容されていた一九五六年二月頃、同じ囚人服を着た竹岡と偶然再会した。二人は互いの無事を喜び、話はリュシコフに及んだ。竹岡が顛末を語ると、「同大佐は私の採った処置を諸般の状況上、やむを得ぬものだったと諒承して下さった」（竹岡前掲書）。同時に竹岡はリュシコフに関するソ連側の執拗な質問攻めについても語ったはずだ。ソ連のスパイが掴んでいた情報は詳細を極め、旅順の黄金台ヤマトホテルに泊めたこと、有満軍属が止めの一発を発射したこと、果ては竹岡が処分終了を報告した柳田中将が官舎で着ていた浴衣の柄にまで及んでいた。大連で拘束された後、ザバイカルのチタで勾留されていたときに始まったリュシコフに関する尋問は、モスクワ郊外に身柄を移されてからも延々続いた。竹岡が有満の関与を最後まで否認したからだという。取り調べには大将の肩章《けんしょう》をつけた大物も投入された。違う施設に収容されていた有満から供述を取り、それを電報で取り寄せてまでして自白を迫ったその人物は、リュシコフ亡命後のＮＫＶＤで頭角を現し副内務人民委員から新設の国家保安人民委員に上り詰めるヴィクトル・アバクーモフだったらしい。

ヴィクトル・アバクーモフ

終戦時にはすでに参謀本部との関係を断っていた

勝野は、リュシコフの消息について、「大連あたりで消えてしまった」としか知ることができなかった。勝野にリュシコフの死を確信させたのは、いったい誰からの情報だったか。少なくとも長期抑留から生還した浅田三郎には直接会って確かめている。ただし浅田は、獄中で竹岡から詳しい報告を受けていたことには何も触れず、「日ごろリュシコフを疑っていた旧派の連中に殺されたんじゃないか」とだけ、ぼかして答えていた（勝野「参謀本部のなかで」）。実際、竹岡は「私の心の底には、リュシコフに対して、亡命者、祖国を裏切った人間、という意識が働いていたことは否定できない」（川口前掲書）と語っており、たしかに「旧派」に属する軍人ではあった。その意味で浅田のニュアンスに嘘はない。具体的な言い方を極力避けたのは、リュシコフの良き理解者だった勝野への配慮にも思える。同時に、抑留生活を共に耐えた竹岡への心遣いでもあったのだろう。

勝野の脳裏には、リュシコフから見せられた妻イーナの写真が残像となっていた。妻はおそらく北極圏のサラトレーという孤島に送られたのだろう、と収容所の具体名を出して悲しんでいだリュシコフが、全身全霊で尽くした他ならぬ日本の軍人によって殺されたと思うと、勝野は怒りを禁じえなかった。晩年、勝野は家族に「彼には気の毒をした」と語り、四三年夏にリュシコフと巡った朝鮮、満洲国境の視察旅行の写真を門外不出にせよ、と遺言した

（山本前掲書）。

どうして逃してやらなかったのか、と憤った一人に田中清玄もいた。助けられた人間は、あとになって助けてくれた国に対して、どれだけ感謝するか分からない。また、それだけの人物だから……。そう考えた清玄は、返す刀でリュシコフ殺害は軍人の自己保身そのものだと断罪し、「日本の軍人といってもこの程度なんですよ。こんな者どもが対ソ政策なんかやるから間違うんだ。……野坂参三も軍人も一緒です。陰険で小ずるくて冷酷無比な、どちらも同じ日本人です」と切り捨てている（田中前掲書）。

中田は上官のリュシコフ殺害指令に最後まで抗ったが、軍人は万事命令に縛られるから、自分が殺らなくても誰かが殺る、と冷めていた。実行役を買って出た高谷を傍観したのも、リュシコフの不本意な死を受け入れたのも、諦めが先立ったからだ。それでも戦後になって、もし当時の自分に知恵があったら、リュシコフを上海の租界にでも逃してやれたのに、と悔悟の念に囚われている。実際に、満洲にいた白系ロシア人の作家バイコフは、上海に逃げ込みオーストラリアに渡っていた。ましてリュシコフはユダヤ系だ。上海には無国籍ユダヤ人のコミュニティがあり、英米の共同租界やフランス租界にもユダヤ系が根を張っていた。中田が悔いたように救いの糸を掴める機会はあったかもしれない。ユダヤ系のネットワークは世界の思わぬところと繋がっているものだ。

二〇一二年、バルト三国の一角、ラトヴィアの首都リガで、長く国の音楽教育に尽くした一人の女性の生誕八五年を記念する音楽祭が盛大に催された。主催はマックス・ゴールディン・ユダヤ文化遺産協会で、リガ市議会などが後援した。主役の人物はすでに他界していたが、地元のユダヤ人社会と教育関係者は、その偉業を将来に渡って伝え継ごうとしていた。彼女の名はリュドミラ・ヤコブレフナ・ピシメンナヤ。リュシコフの生き別れになった妻イーナ・リュシコワの連れ子、つまりリュシコフが北極圏の孤島に送られて妻と共に果てたと思い込んでいた継娘リュドミラその人だった。彼女は一九五三年から九六年までラトヴィア国立音楽院の看板である合唱指揮部門の指導にあたった。生前の肩書は同音楽院名誉教授、芸術史博士、「ラトヴィアの名誉ある芸術家」と赫々たるものだ。以下、リュドミラの甥ヴラド・シュルマンが、同ユダヤ文化遺産協会関連サイトに寄せた小文などを手掛かりに、彼女と彼女の母イーナの歩みをたどりたい。

三八年、NKVD極東地方長官だったリュシコフの身に粛清のときが迫ると、夫婦は何としても生き残ろうと誓い、亡命を決意した。夫は視察名目で満洲との国境に接近し、越境のタイミングを計る。妻イーナと娘リュドミラは、リュドミラの病気治療を口実に夫より早くハバロフスクを発ってモスクワ入りする。イーナらがポーランド国境に向かう準備が整ったら、夫婦にしか分からない暗号電で夫に知らせる。夫はそれを合図に行動に出る……。約束通り電報が届くと、リュシコフは迷わず満ソ国境から琿春側に越境した。妻と娘のほうは、あらかじめ監視されていたようだ。その二日後におそらくポーランド国境で拘束されていた。

リュドミラ（ebrejukultura.lv より）

イーナはルビャンカの拘置所で拷問を受けたうえ、射殺されたとする海外文献もあるようだが、そうではなかった。三九年一月、国家の裏切り者としてイーナは強制労働八年の刑を言い渡される。送り込まれたのはリュシコフが懸念した北極圏ではなく、乾燥した草原が広がるカザフスタンのカラガンダだった。同地には日本人抑留者がのちに三万六〇〇〇人以上収容されることになる。そこでの労働は石炭採掘が主だった。ステップ地帯のせいで、夏冬の寒暖差は七〇度もあり、重労働を強いられる収容者を苦しめた。

カザフスタン・カラガンダ

一方、リュドミラはどうしていたのか。継父リュシコフは日本へ亡命、ラーゲリ送りの実母イーナからも引き離されてしまった。オデーサにいたリュシコフの一族も亡命事件に連座させられている。救いの神となってリュドミラを引き取ったのは、叔母（実父ヤコフ・ピシメンヌィの妹）アンナ・シュルマンの一家だった。保護者を失った「粛清孤児」は通常、辺地の孤児院に送られ実父母の記憶を薄められるが、親戚が手を差し伸べるケースも当時のソ連社会では珍しくなかった。アンナ・シュルマン一家は第二次大戦中、リュドミラを伴ってカザフスタンのさらに南にあるウズベキスタンに疎開した。戦争が終わるとリュドミラは従兄弟を頼ってラトヴィアのリガに移住する。ソ連とドイツ、二つの大国に翻弄されたラトヴィアのユダヤ人は、ソ連統治下での「人民の敵」乱造策や、ドイツ占領中の民族絶滅策で大きく減少していたが、もともとそこにはヨーロッパ有数の繁栄を誇るユダヤ人コミュニティが存在した。四八年にリュドミラはラトヴィア国立音楽院の声楽学部に入学、最初は歌手を目指し、大学院に進んでやがて音楽指導者の道を歩みはじめた。

カラガンダのイーナは刑期が短縮されたのか、四六年にラーゲリを出所する。その後、彼女がどこで、どんな暮らしをしていたのかはわからない。ただ、おそらく娘がラトヴィアで無事にいることを知って、生きる縁《よすが》にしたのだろう。居住地の制限が解除される名誉回復を一日千秋の思いで待ち、ラトヴィアの保養地ユルマラでリュドミラと再会を果たしたのは六二年だった。以降、イーナは娘リュドミラのもとで暮らし、九九年まで生きた。日本亡命後のリュシコフが、身悶えしながら希《こいねが》った妻子の無事は、彼のあずかり知らない曲折を経て実現していたことになる。

リュシコフと加藤名義の夫婦を装って暮らした樋口美代は、四五年七月に満洲へ単身赴任する彼を見送り東京に残った。当時の戦況からして、外地に向かうこと自体、あえて死地に飛び込むようなものだから、それが永遠の別れになる自覚は双方にあったはずだ。別れを告げる当日まで、リュシコフにとって樋口は、「あてがいぶちの女」のままだったのだろうか。はじめは食べていく手段として同棲を受け入れた樋口の側にしても、リュシコフと過ごした短くない時間、心境の変化はなかったのだろうか。

東京時代のゾルゲにあまたいた愛人の一人で、銀座の「ラインゴールド」の女給だった石井花子は、ソ連のスパイだったとわかったあとも、刑死を知ったあとも、変わることなくゾルゲを慕い続けた。遺体埋葬場所を探し歩き、共同墓地から遺体を回収して荼毘に付し、回想録を出版した印税で東京・多摩霊園に改葬した。ゾルゲが祖国で名誉回復を果たし、ソ連邦英雄に叙せられたのち、モスクワに招かれてテレビ出演し、様々な思い出話を披歴した。石井証言はのちのゾルゲ研究に貴重な示唆を与えた。

石井と樋口には年齢差があり社会経験も異なるが、樋口もまた他人が知らないリュシコフの貌《かお》をあれこれ知る立場にあった。得難い歴史の証言者になれたはずだが、残念なことに回顧談の類いを残した気配はない。彼女の以降の行方さえ杳として知れない。

樋口は戦後をどう生きたのだろう。GHQは旧軍人から元左翼まで、利用価値の高い人材はどしどし召し抱えた。占領政策を完遂する近道ができればそれでいい。特に英語が流暢な者がその気になれば、いくらでも仕事にありつけた。樋口はイギリス人の元妻で、何年かのアメリカ生活も経験して、ロシア語よりむしろ英語に堪能だ。頼るべき家族も親類もないから、自活に貪欲で、外国人にも物怖じしない中年女性だ。樋口の属性は、GHQを振り向かせるに足る利用価値を備えていたように思える。いや、そんな生き方をする間もなく、彼女の戦後の「持ち時間」は、案外短いものだったのかもしれない。どちらかといえば外向的で、体験を語るのに抵抗がなさそうな彼女の解せない沈黙は、やはり早すぎる死で説明したほうが自然なのだろう。

六、新たな独裁者の近未来（エピローグにかえて）

モスクワ在住時の勝野金政は片山潜から紹介され、著名な小説家マクシム・ゴーリキーと対面している。人の良さが印象に残ったが、「共産党に入ってからいい作品を生めなかったのは権力に迎合したからだ」と回想している（「片山潜とともに」）。日本復帰を果たした勝野が作家の道を歩み出していた一九三六年夏、病気のゴーリキーを見舞うため、フランスの文学者アンドレ・ジッドが仲間とソ連入りし、同政府のお墨付きのもと、国内を二ヶ月にわたって旅した。遠い日本でも全集が二社から出るほど広く読まれていたジッドは、ロシア革命に親近感を抱き、共産党員ではないものの熱烈な同調者であることを隠していなかった。ところが、この旅の見聞によって彼はソ

スターリン（左）とゴーリキー（右）

連に対する評価を一八〇度転換させた。
「今日ソヴェト《ママ》で強要されているものは、服従の精神であり、順応主義である。したがって現在の情勢に満足の意を表さないものは、みなトロツキストと見なされるのである」、「ソヴェトの現実が、その最初の理想にたいして食い違いを示してきたことは最早疑いをはさむ余地はない」（『ソヴェト旅行記』）。旅先でジッドが出会ったのは、党の正式見解が示されていない事柄には、なにひとつ答えられないほどに家畜化された人々だった。「いままでソヴェトの真相は憎悪の念をもって云われてきたか、でなければ愛情をもって虚偽が云われてきたのである」というジッドの言葉は、〈ソ連＝働く者の理想郷〉という幻想に囚われていた各国知識人のお目出度さを見事に衝いていた。

　変節漢と謗られるのを恐れずに、ジッドはソ連国民に客分として触れた率直な印象を綴ったが、国家統治の本質に迫ったわけではない。その点、スターリンの寵臣として自らの手を血で汚してきたリュシコフは、恐怖政治の裏の裏まで熟知していた。日本の一般国民を対象にした言論人としての活動はごく短かったにしても、フルシチョフによる暴露に二〇年近く先駆けて、スターリン体制の暗部を暴いた功績は過小評価すべきでない。インターナショナルな左翼体験と地獄のラーゲリ体験を併せ持つ日本でただ一人の知識人、勝野金政がこの亡命者の慧眼にいち早く気づいたのは偶然ではなかった。にもかかわらず、リュシコフの先駆的な指摘は、さっぱり世界に広がらなかった。日本の国際的孤立の反映だった。

三七年に始まった日中戦争は、日本陸軍の四九個師団のうち二七個師団をつぎ込んでも終わりが見えなかった。戦争の端緒となった盧溝橋事件とほぼ時を同じくして、スターリン直々の指示で極東に赴任したリュシコフは、日中両国を消耗戦に引きずり込み、徹底して疲弊させたい独裁者の底意を明確に知っており、亡命後、まっさきに「手記」のなかでも訴えている。この知見は、盧溝橋事件の背後にコミンテルンの関与を嗅ぎつけていた参謀本部第五課（ロシア情報）の分析に、決定的な確証を与えるもので、あえて言えば、日本への最大級の貢献だった。にもかかわらず、頑迷な日中戦争継戦派に牛耳られていた陸軍上層部に、リュシコフの声は届かなかった。北京で軍事衝突が始まった当時、参謀本部作戦部長として「戦争不拡大、早期和平」を主張した石原莞爾はすでに左遷の身だった。いくつも浮上した和平工作はことごとく潰され、近衛文隆が絡んだそれも犯罪視された。日本はスター

アンドレ・ジッド

リンの術中にはまり、ルビコンを渡った。

リュシコフを東京で初めて尋問した参謀本部情報参謀の甲谷悦雄は、「対ソ情報に限っては、首尾一貫した一人の人間からの情報提供にはあまり期待すべきでない。もしそのような重要情報があったとしたら、信用するのは危険だ」と指摘している。「なぜならソ連では機密情報の全体像を知る人間を完全に限定し、各人が断片的な情報しか持ち得ないようにしていたからである」(小谷前掲書)。幅広く、しかも詳しい情報の持ち主となればむしろ怪しむべきで、他国から見れば結局ヒューミントが機能しない。リュシコフの〝本職〟はNKVDであり、軍事情報についていくらか細部に渡って知っている部分はあっても、知識の奥行には自ずと限界があった。しかもリュシコフが日独の両軍部に打ち明けたソ連軍の弱点は、ゾルゲを通じてそっくりモスクワに通報されており、ノモンハン事件のように、日本軍は裏をかかれ犠牲を増やした。情報戦の敗北だ。

リュシコフが望んだソ連からのスターリニズム排斥は、一向に進展しなかった。粛清の嵐はスターリンの墓穴を掘るどころか、独裁者の権力基盤をむしろ強める方向に作用した。かつてのリュシコフ自身、加担、盲従、怯えに金縛りだったわけで、スターリンの政府を打倒するためには、国内の「正統派レーニン主義者」の決起を待っても虚しく、外圧をもってするほかない、と亡命後の早い段階で気づいただろう。当時の国際情勢からして最も現実味があったのは、ゾルゲが懸念した日独によるソ連挟撃だ。実際、ソ連侵攻開始後のドイツは、ナチ党最高幹部の外相リッベントロップが駐日大使オットーを通じて、日本に対ソ参戦を強く働きかけていた。

演習と実戦（シベリア侵攻）を両にらみにした関東軍特種演習（関特演）は、参謀本部の作戦部門が発案した。作戦参謀らの目論見によれば、独ソ戦でドイツが圧倒的優勢に立っていることを前提に、四一年八月中に極東ソ連軍の地上兵力が半減し、航空機、戦車部隊が三分の一に減少する見込みがあれば、ただちに武力行使に踏み切り、一〇月中旬までに主要作戦を終了することになっていた。それ以降のシベリアはすでに厳冬で、戦闘どころではない。逆に言えば、日中戦争を抱えている限り、万に一つ、わずか一ヶ月半の超短期決着に賭ける以外に、勝機が見い出せなかった。参謀本部第五課（ロシア情報）は、初めからこの作戦計画に懐疑的だった。広大な地域の占領には〈点と線〉を維持するのに膨大な兵員が必要になる（西野前掲書）。シベリア出兵の教訓だ。このことは、八課にいたリュシコフも当然認識していたろう。結果的に「関特演」は、「開戦条件に見合う相手戦力の減少が見られない」として実戦にはならなかった。六週間でモスクワを制圧すると豪語していたドイツ軍にしても、冬へと向かう季節の巡りに阻まれて作戦計画は狂い出す。

軍部がほぼ主導していた昭和前期日本の対外政策は、情報の重大な読み違いに満ちていた。例えば、四一年の南部仏印進駐はアメリカの虎の尾を踏んだ。制裁として在米資産は凍結され、対日石油輸出の全面停止に追い込まれる。その頃日本の石油は八割がアメリカ頼りだ。米英の決意はすでに「戦争も辞さず」の目盛りを越えていたというのに、日本は測りかねた。状況は、日米交渉の不調を願うゾルゲの思惑通りに転がった。兵糧攻めが始まるなかで、日本の戦時経済はますます逼迫し、手っ取り早く南方に天然資源を求めるしか道がなくなっていく。この時点で、日本を後ろ盾にしてスターリンをソ連の権力の座から引きずり降ろすというリュシコフの野望は完全に潰えた。

日本軍が南方に進出して以降、参謀本部内でのリュシコフの存在感は急速に低下した。例外的に「マラトフ情報」を熱望したのは関東軍だった。太平洋の戦況が悪化すると、関東軍からも次々に精鋭が抽出されていった。往時に比べると戦闘能力は見る影もなく衰えて、いわゆる「根こそぎ動員」で兵隊の頭数だけ増やしても、対ソ正規戦などもはや不可能だった。

中田光男が参謀本部雇員時代に学んだように、情報戦の神髄が「戦わずして勝つこと」にあるとすれば、関東軍の活路はそこにしかなかった。高谷覚蔵らがハルビンに赴任する時点で、リュシコフの満洲配置も俎上に上った。結果的に赴任はソ連参戦の直前にずれ込んだ。赤軍が満洲国に多方向から雪崩れ込むと、関東軍の「虎の子」だったソ連秘密警察の亡命将軍は、一夜にして「お荷物」と化した。

リュシコフがもし東京に残留し、空襲をくぐり抜けて終戦を迎えたとしたら、彼にはどんな運命が待ち構えていたのだろう。「旧派」の軍人が彼を「生きる対ソ極秘工作資料」と見なして、重要書類を焼却するように、手にかけていたのか。あるいは冷戦の始まりを受けて、進駐米軍が関東軍第七三一部隊まで取り込んだように、リュシコフを稀有なソ連情報通としてあらためて見出しただろうか。

冷戦の最盛期、ビートルズは「バック・イン・ザ・U・S・S・R」をリリースし、アメリカのマイアミから祖国ソ連に無事帰り着いたスパイの安堵感をパロディ化してみせた。ソ連崩壊から一〇年以上を経た二〇〇三年、モスクワの「赤の広場」でポール・マッカートニーの単独ライブが実現し、冷戦時代に放送禁止だった同曲も披露された。ポールはビーチ・ボーイズのハーモニーを物真似した、このふざけた「ご当地ソング」をアンコール曲

切手になったゾルゲ

にもう一度選び、「ウクライナ娘にノックアウト」、「西側の子なんて目じゃないね」と歌った。ロシアの独立系メディアによれば、これは遅れて会場入りし同曲を聞きそびれた大統領プーチンからの、たってのリクエストだったらしい。ロック系音楽の概念を一変させた希代のミュージシャンを心から歓迎し、過去の国際政治に絡むジョークを面白がる若き大統領が、敗北に終わった東西冷戦の報復主義者だとは誰も思わない。しかし、二〇年以上にわたって握り続けた最高権力の魔力は人間を変える。国内から政敵、不服従者を一掃したプーチンは、いまやスターリン以来の独裁者と化した。時代錯誤の大ロシア主義に囚われ、国境を接する軽武装国家ウクライナに襲い掛かった。

ロシアに出現した新独裁者の身勝手な世界観が、結局はズルズルと現実化していくのだろうか。プーチンの長期政権を資金面で下支えしてきたのはオリガルヒ（新興財閥）だ。その素性は、市場経済原理などろくに知らない素人が、国有企業の株式を民営化の名の下に二束三文で買い占め、運よく大きな資本を蓄えた成金たちだ。経済音痴から出発した彼らも、グローバル市場のメカニズムを学習済みで、天然資源の輸出だけに依存する歪《いびつ》なロシア経済を早晩見限るだろう。他方、国民を沈黙させる暴力装置として、プーチンが便利に使ってきたシロヴィキ――治安・情報・軍事関連官庁出身の取り巻きたち――にしても、多くの場合、その服従はスターリン統治下と同じように、身過ぎ世過ぎではないか。まともな国家観、社会観を持たず、勝ち馬に乗っているだけに見える。たとえ軍事力でウクライナを屈服させても、力による現状変更を許さない国々からの経済制裁は終わる見込みはなく、長期的には国内の混迷が避けられない。インフレや物不足で現政権に陰りが見えれば彼らは早々に風見鶏化し、権力争いを始めるだろう。

ゾルゲは一度祖国に見捨てられながら、没後に再評価され、祖国の英雄に列せられた。それに対して、リュシコフがプーチンのロシアで復権することは一二〇パーセントあり得ない。ただし、オリガルヒ、シロヴィキといった独裁者の寵臣から、第二、第三のリュシコフが生まれる余地は十分残っている。その亡命先が必ずしも日本ではないにしても……。

主要参考文献

・アジア歴史資料センター（国立公文書館、外務省外交史料館、防衛省防衛研究所）
・国立国会図書館デジタル・コレクション
・リュシコフ「第十八回共産党大会の批判」、「ソ連農業問題の批判」、「極東赤軍論」、「ソ連の対欧進出批判」『改造』一九三四年五月号、七月号、九月号、十二月号（改造社）
・西野辰吉『謎の亡命者リュシコフ』（三一書房、一九七九）
・林三郎『関東軍と極東ソ連軍』（芙蓉書房、一九七四）
・ジャック・ロッシ『ラーゲリ・強制収容所・註解事典』（恵雅堂出版、一九九七）
・アイノ・クーシネン『革命の堕天使たち―回想のスターリン時代』（平凡社、一九九二）
・日ロ歴史を記録する会編『日露オーラルストーリー　記録のなかの日露関係』（彩流社、二〇一七）
・中田光男「リュシコフ大将に捧げるレクイエム」『勝野金政生誕一〇〇年記念シンポジウム』（二〇〇一）
・アンドレ・ジッド『ソヴェト旅行記』（岩波書店、一九九二）
・エンツォ・トラヴェルソ『ヨーロッパの内戦』（未来社、二〇一八）
・小尾俊人編『現代史資料　ゾルゲ事件一 - 三、二四』（みすず書房、一九六二 - 七七）
・清水亮太郎「ゾルゲ事件と関特演」『防衛庁防衛研究所　ＮＩＤＳコメンタリー 第一八〇号』（二〇二一）
・ロバート・ワイマント『ゾルゲ　引裂かれたスパイ』（新潮社、一九九六）

・三宅正樹『スターリンの対日情報工作』(平凡社、二〇一〇)
・山内智恵子『ミトロヒン文書　KGB・工作の近現代史』(ワニブックス、二〇二〇)
・立花隆『日本共産党の研究　上・下』(講談社、一九七八)
・川口信行「『スターリン暗殺計画』の主人公リュシコフ大将の最期」『週刊朝日』一九七九年七月二〇日号
・中川一徳『メディアの支配者』(講談社、二〇〇九)
・名倉和子、名倉有一、池田徳眞『駿河台分室物語』私家版(二〇一五)
・名倉有一「戦略謀略放送の立役者―恒石重嗣参謀」『インテリジェンス研究所 第5回 特別研究会』(二〇二〇)
・石突美香「亡命者リュシコフ――その人物像と1930年代ソ連の内幕――」『政治学研究論集　第12号』(明治大学大学院、二〇〇〇)
・勝野金政、伊藤隆「国際共産主義の巨星たち――勝野金政氏へのインタビュー①‐④」『歴史と人物』一九七三年一一月号、七四年一月号、三月号、五月号(中央公論社)
・藤井一行、稲田明子編『勝野金政著作集』(日露電脳センター、二〇〇一)
・勝野金政「曝露されたスターリン政権の内情」『月刊ロシヤ』一九三八年八月号(日蘇新聞社)
・勝野金政『凍土地帯』(吾妻書房、一九七七)
・角田忠七郎『憲兵秘録』(鱒書房、一九五六)
・古津四郎「秘録・リュシコフ大将の亡命　上・下」『史(二九‐三〇)』(現代史研究会、一九七五‐七六)
・小林峻一、加藤昭『闇の男　野坂参三の百年』(文藝春秋社、一九九三)
・小林久子『猫のしっぽ』(文芸社、二〇〇三)
・ボリス・スラヴィンスキー『日ソ戦争への道』(共同通信社、一九九九)

・アレクセイ・A・キリチェンコ『知られざる日露の二百年』（現代思潮新社、二〇一三）
・高尾千津子『ロシアとユダヤ人：苦悩の歴史と現在』（東洋書店、二〇一四）
・樋口美代「内から見た謎のソ聯」（新潮社、一九三八）
・山口昌男『「挫折」の昭和史〈上〉』（岩波書店、二〇〇五）
・井上祐子「〝東亜の盟主〟のグラフィックス」『立命館大学人文科学研究所紀要 八六号』（二〇〇六）
・山本武利「陸軍参謀本部第八課〈宣伝謀略課〉の興亡」『インテリジェンス No.22』（二〇世紀メディア研究所、二〇二二）
・亀田真澄「グラフ誌『ソ連邦建設』と『ユーゴスラヴィア』」『ロシア語ロシア文学研究43』（日本ロシア文学会、二〇一一）
・アルヴィン・D・クックス『ノモンハン〈1〉ハルハ河畔の小競り合い』（朝日新聞社、一九九四）
・アルヴィン・D・クックス「リュシコフ保安委員の亡命」『軍事史学 通算九二号』（錦正社、一九八八）
・エドワード・ラジンスキー『赤いツァーリ 上・下』（NHK出版、一九九六）
・麻田雅文『蔣介石の書簡外交 上巻』（人文書院、二〇二一）
・西村庚「祖国愛」『ソ連研究 vol.5』（ソ連問題研究会出版、一九五六）
・北国諒星「ソ連船インディギルカ号遭難の謎に迫る」北海道ノンフィクション集団編『断面 北の昭和史』（柏艪舎、二〇二二）
・加藤哲郎「ゾルゲ・尾崎墓参会」講演記録（日露歴史研究センター、二〇〇九）
・加藤哲郎『モスクワで粛清された日本人』（青木書店、一九九四）
・加藤哲郎『ゾルゲ事件』（平凡社、二〇一四）

・加藤哲郎「平成一五年度 - 十八年度　文科省科学研究費補助金（基盤研究C）　研究成果報告書」
・杉之尾宜生ほか『失敗の本質 戦場のリーダーシップ篇』（ダイヤモンド社、二〇一二）
・STEPHAN, John J「"Cleansing" the Soviet Far East, 1937-1938」Collegivm Slavicvm Academiae Hokkaido Acta Slavica Iaponica, 1992
・STEPHAN, John J『The Russian Far East〈A History〉』Stanford University Press, 1994
・大木毅「ロシア『大祖国戦争』が歪める歴史認識」『文藝春秋』二〇二三年六月号
・大越兼二「スターリン信頼の幹部による謎の亡命事件」『文藝春秋』臨時増刊号　一九五五
・白井久也『米国公文書 ゾルゲ事件資料集』（社会評論社、二〇〇七）
・白井久也『国際スパイ・ゾルゲの世界戦争と革命』（社会評論社、二〇〇三）
・白井久也『ゾルゲ事件の謎を解く―国際諜報団の内幕』（社会評論社、二〇〇八）
・小谷賢『日本軍のインテリジェンス』（講談社、二〇一九）
・秦郁彦「草原の国境紛争」『政経研究　第4号』（日本大学法学会、二〇一二）
・オーウェン・マシューズ『ゾルゲ伝』（みすず書房、二〇二三）
・高谷覚蔵『レーニン・スターリン・マレンコフ』（同光社磯部書房、一九五三）
・高谷覚蔵「スターリン裁判は終結したか」『経済往来』一九六一年一二月号
・高谷覚蔵『コミンテルンは挑戦する』（大東出版社、一九三七）
・竹岡豊「私がリュシコフを撃った」『文藝春秋』一九七九年八月号
・岡部芳彦「日本人の目から見たホロドモール」Working Paper Series No.28（神戸学院大学、二〇二〇）
・下斗米伸夫「ノモンハン事件再考：スターリンのアジア政策から見た張鼓峰とノモンハン事件」『法学志林』

第一一七巻　三・四号合併号（法学志林協会、二〇二〇）
・徳本栄一郎「東京電力と右翼の黒幕『田中清玄』〈第二回〉彼はなぜヤクザから狙撃されたのか」『デイリー新潮』二〇二一年三月三〇日号
（https://www.dailyshincho.jp/article/2021/03301102/）
・Kevin O'Flynn「Paul McCartney Finally Back in the U.S.S.R.」The Moscow Times. 26.5.2003
（https://www.themoscowtimes.com/archive/paul-mccartney-finally-back-in-the-ussr）
・Federal Bureau of Investigation - Freedom of Information Privacy Act
（https://web.archive.org/web/20040810040042/foia.fbi.gov/foiaindex/krivit.htm）
・Профессору Людмиле Письменной（5.05.1927г.-01.02.2010г.）-90
（https://ebrejukultura.lv/2017/05/05/профессору-людмиле-письменной-5-05-1927г-01-02-2010г/）
・加藤哲郎「旧ソ連日本人粛清犠牲者・候補者一覧」
（http://netizen.html.xdomain.jp/Moscow.html）
・大武賢司「ノモンハン事件の分析　リュシコフの情報とゾルゲ」
（https://ameblo.jp/ko269/entry-11712165224.html）
・永井靖二「逃亡したソ連兵、はじめは重宝『裏切り者』への仕打ち」朝日新聞デジタル
（https://www.asahi.com/articles/ASP892HWHP7WPLZU001.html?iref=lp）
・永井靖二「ノモンハン　大戦の起点と終止符」朝日新聞デジタル
（https://www.asahi.com/special/nomonhan/?iref=pc_leadlink）
・永井靖二「『食糧を与えられないのに戦い強要』大本営参謀の犯罪」朝日新聞デジタル

(https://www.asahi.com/articles/ASN7W3J28N3SPLZU006.html?iref=lpbottom)
・エンタメ「群衆の姿に時代映る　ロズニツァ監督作品、日本初公開」
(https://style.nikkei.com/article/DGXKZO65738120S0A101C2BE0P00)
・マシュー・レノー「キーロフ殺害の鍵は北大図書館の本棚にあり」北海道大学スラブ研究センター季刊ニュース二〇〇六年冬号
(https://src-h.slav.hokudai.ac.jp/jp/news/104/news104-essay3.html)
・ニコライ・シェフチェンコ「ソ連から国外に移住することはできたか」Russia Beyond,16,03,2022
(https://jp.rbth.com/history/86158-soren-kara-kokugai-ijyuu-dekita-no-ka)

著者紹介

上杉一紀（うえすぎ・かずのり）

日本放送作家協会会員。一九五三年札幌生まれ。早稲田大学法学部卒。北海道テレビ放送（ANN系列）入社、主に報道畑を歩む。旧ソ連の閉鎖都市だったウラジオストクを西側テレビ記者として初取材。ANN系列マニラ特派員などを経て同社取締役、テレビ番組制作会社代表をつとめた。番組に「霧の日記〜アリューシャンからの伝言」（民放連賞テレビ教養部門最優秀作）ほか。著書に『ロシアにアメリカを建てた男』（旬報社）、『ロマノフの消えた金塊』（東洋書店新社）。

ソ連秘密警察リュシコフ大将の日本亡命

2024年7月23日　第1刷

著　者　上杉一紀

発行人　山田有司

発行所　株式会社　彩図社
東京都豊島区南大塚3-24-4
MTビル　〒170-0005
TEL：03-5985-8213　FAX：03-5985-8224

印刷所　シナノ印刷株式会社

URL https://www.saiz.co.jp　https://twitter.com/saiz_sha

ISBN978-4-8013-0727-8 C0021